図解でスッキリ

Building a better
working world

会計で使う
「割引現在価値」
入門

EY新日本有限責任監査法人——［編］

中央経済社

発刊にあたって

　会計に携わる方なら，「基準や実務指針，解説書を読んでみたが，難解でわからなかった」といった経験があるのではないでしょうか。本書は，図解やキャラクター，そして専門用語でない一般用語を用いた解説で，会計処理に関するもやもや感を「スッキリ」させることをねらいとしています

　本書のテーマは割引現在価値です。割引現在価値は，将来の価値を現在に割り引いて算定されたものですが，その考え方の理解は難しいと言われています。また減損会計やリース会計，退職給付会計等，さまざまな場面で登場するものの，各会計基準で求める趣旨は異なることから算定方法にも相違があります。

　本書では割引現在価値がなぜ必要とされるのか，使われる割引率にどのような意味があるのかを総合的に解説しています。また各会計基準で割引現在価値が求められる趣旨や使われる場面を横断的に解説しています。経理業務に携わっている方だけではなく，割引現在価値を理解したいという多くの方に手にとっていただき，本書が皆さまの理解に少しでも役立つことができれば幸いです。

　最後に，本シリーズ刊行時よりご協力，アドバイスをいただいております株式会社中央経済社の末永芳奈氏にこの場をお借りして御礼を申し上げます。

2023年8月

EY新日本有限責任監査法人

監修者・執筆者一同

本書の読み方

①原則，1見開き1テーマです。まずテーマを把握しましょう。テーマ別なので，知りたいor調べたいところだけのつまみ食いもOK！

割引現在価値とは

割引とはどういう意味か？

　多くの社会では，金銭の貸借には利子が付きます。たとえば利率が1％の定期預金の場合，10,000円預けたら1年後には利子100円が付き，10,100円になります。

　ですからもし「今，10,000円もらうのと，1年後に10,000円もらうのとどちらがいいか？」と聞かれたら，今もらうほうがお得です。

　言い換えれば1年後の10,000円の価値は，今の10,000円と等しくないということです。お金の価値が将来と現在で変わるのですね。

　そこで，遠い将来のお金の話をする場合は，それを現在に置き換えるといくらになるかを算定する必要があります。この際，将来のお金を現在の価値に置き換えたものを**割引現在価値**といいます。

　「割引」とは，一定の価格からある割合の金額を引くことです。将来のお金の価値を現在の価値にするのは，この割引計算（§1-4）という手法を用いるので，「割引現在価値」というのです。

Check!　利子のやりとりが禁止される地域もある!?

　イスラム教では，利子のやりとりが禁止されています。預金をしても利子が付きません。貸付金に利子を付けることも禁じられています。このため，イスラム圏では教義に反さない独特の金融（イスラム金融）が発達しました。

②右ページの図解と合わせ，読み進めていきましょう。重要な用語は，Key Wordとして強調し，＋αの知識は，Check！として紹介します。

③スッキリ丸の疑問や発見により，つまずきやすい点，論点を把握することができます。

§1　割引現在価値とは　3

割引現在価値とは

■A君は，お年玉を持ってくるのを忘れたB叔母さんから「本当は10,000円渡すつもりだったから，来年10,000円足して渡すよ」と言われました。「今，特に使い道ないし，来年もらえれば同じかな？」と思うA君。この判断は正しいでしょうか？

■仮に，預金の利率が1％とする場合，お年玉を預金しておけば，来年のお正月には利子が100円付きます。だからB叔母さんから「10,100円足してもらわないと同じ」になりません。

10,000円
もらう

全額すぐ預金

X 2/1/1

X 1/1/1

満期となり
10,100円となっている。

これはあくまで，割引現在価値の導入のためのたとえ話。
実際にこんなことを主張すると大変なことになるから注意！

スッキリ丸

§3～7の冒頭に，会計処理の全体像と割引計算が関係する場面がわかるすごろくを付けたよ！

Contents

発刊にあたって
本書の読み方

§3　固定資産の減損と割引計算 ·················· 33

§6　リース会計と割引計算 ……………………………… 99

§1

割引現在価値とは

　「朝三暮四」は，朝に３つ暮れに４つの実をもらうことと，朝に４つ暮れに３つもらうことが，同じ（いずれも合計７つ）ことに猿が気が付かず，目前の多さから後者の提案に喜んだという故事に基づく四字熟語です。

　しかしこれが「朝と夕方」ではなく，「今と１年後」だと話が変わってきます。お金でいうと今の１万円と１年後の１万円の価値は異なります。

　§１では「お金の価値と時間の関係」について考えてみます。

1-1 割引現在価値とは

割引とはどういう意味か？

多くの社会では，金銭の貸借には利子が付きます。たとえば利率が1％の定期預金の場合，10,000円預けたら1年後には利子100円が付き，10,100円になります。

ですからもし「今，10,000円もらうのと，1年後に10,000円もらうのとどちらがいいか？」と聞かれたら，今もらうほうがお得です。

言い換えれば1年後の10,000円の価値は，今の10,000円と等しくないということです。お金の価値が将来と現在で変わるのですね。

そこで，遠い将来のお金の話をする場合は，それを現在に置き換えるといくらになるかを算定する必要があります。この際，将来のお金を現在の価値に置き換えたものを**割引現在価値**といいます。

「割引」とは，一定の価格からある割合の金額を引くことです。将来のお金の価値を現在の価値にするのは，この割引計算（**§1-4**）という手法を用いるので，「割引現在価値」というのです。

Check! 利子のやりとりが禁止される地域もある!?

イスラム教では，利子のやりとりが禁止されています。預金をしても利子が付きません。貸付金に利子を付けることも禁じられています。このため，イスラム圏では教義に反さない独特の金融（イスラム金融）が発達しました。

割引現在価値とは

■A君は，お年玉を持ってくるのを
忘れた B叔母さんから「本当は
10,000円渡すつもりだったか
ら，来年 10,000円足して渡す
よ」と言われました。「今，特に
使い道ないし，来年もらえれば
同じかな？」と思うA君。この判
断は正しいでしょうか？

■仮に，預金の利率が1％とする場合，お年玉を預金しておけば，来年
のお正月には利子が100円付きます。だからB叔母さんから「10,100
円足してもらわないと同じ」になりません。

10,000円
もらう

全額すぐ預金　　　　　　　　　　　　　　X 2/1/1

X 1/1/1

満期となり
10,100円 となっている。

これはあくまで，**割引現在価値**の
導入のためのたとえ話。
実際にこんなことを主張すると
大変なことになるから注意！

1-2 現在と将来の価値が違う理由

利子＝時間の対価＋リスクの対価

　お金の価値が将来と現在で変わることを§1-1で確認しました。で
は，なぜお金の価値が変わるのでしょうか？

　1つは，「お金の時間価値」のためです。手元の現金が預金になった
からといって，お金がなくなってしまうわけではありません。満期に
なったら戻ってきます。しかし預けている期間，お金を使えないのです。
お金があればできた色々なことができません。この「預けている間，お
金を使えない不自由」に対する対価が利子です。

　もう1つが「リスク」のためです。今度は貸付金で考えてみましょ
う。回収にリスクがないA社と，回収に懸念があるB社が融資を申し
込んできたらどうでしょうか。A社への貸付けは問題なさそうですが，
B社には貸すのをためらうのではないでしょうか。仮にB社に貸付けを
実行する場合は，回収懸念というリスクに応じた対価を求めると思わ
れます。つまり，時間の対価より多くの対価を求めるのです。

　これがリスクの対価です。元本の回収が確実と考えられる場合（ロー
リスク）には利率は低く，不確実な場合（ハイリスク）には利率が高く
なります。いわゆる「ハイリスク・ハイリターン」の原則です。

　こうして時間の対価とリスクの対価から構成される利子が付く結果，
お金の価値が将来と現在で変わってくるのです。

ハイリスク・ハイリターン

■財務基盤がしっかりしていて，回収リスクがない A 社と資金繰りに苦労していて，回収に懸念があるＢ社に貸付けを実行する場合，どのような判断をするか？

A社
財務基盤がしっかりしていて，
回収リスクがない

B社
資金繰りに苦労していて，
回収に懸念がある

回収確実ならば
利息は少額でも
借りてほしいな。

回収できないかも
しれないから
危険手当として利息を
たくさんとろう。

「回収リスクがほとんどない A 社は時間価値＋αの利息をもらえれば十分」「回収リスクがある（＝ハイリスク）B 社は，より多くの利息（＝ハイリターン）をもらわないと割に合わない」という判断となる。

1-3 割引現在価値の求め方 ①

1年後のお金，2年後のお金の現在価値を求めよう

　ここから具体的な割引現在価値の算定を考えます。

　利息1％の定期預金の例で考えてみましょう。

　1年後には，元本1,000,000円 ×（1 + 1％）= 1,010,000円となります。現在の1,000,000円（元本）は1年後の1,010,000円（元本＋利子）と等価だといえます。

　これを逆に考えると，1年後のお金の現在の価値を求めることができます。現在から1年後に置きなおすときに（1 + 利率）を掛けたのですから，1年後から現在に置きなおす場合は（1 + 利率）で割り戻せばいいのです（右ページ，例1参照）。

　この応用で，2年後のお金の現在の価値に置き換えてみましょう。

　1年後には元本＋利子となっていますが，2年後にはこの（元本＋利子）に利子がつきます。つまり2年後には元本1,000,000 ×（1 + 1％）×（1 + 1％）となります。2年後だから（1 + 1％）を2回掛けるのですね。

　これを逆に考えると2年後のお金を現在に置きなおす場合は，（1 + 利率）で2回割ればいいのです。言い換えれば（1 + 利率）の二乗で割ればいいということです（右ページ，例2参照）。

現在価値は割り算で求める

例1　固定利率 1％の 1 年ものの定期預金の満期の元本と利息の
　　　 合計額が 1,000,000 円だった。元本はいくらだったか？

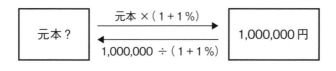

元本は **990,099 円** だ！

例2　固定利率 1％の定期預金の 2 年後の元本と利息の合計額が
　　　 1,000,000 円だった。元本はいくらだったか？

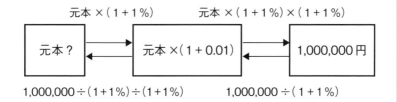

元本は **980,296円** だ！

1 - 4 割引現在価値の求め方②

n年後のお金の現在価値を求めよう

§1-3では1年後，2年後のお金の現在価値を算定しました。しかし，実際にはもっと遠い将来のお金の現在価値を算定します。たとえばn年後のお金の現在価値を求めるにはどうすればよいでしょうか。

やり方は同じです。固定利率の定期預金のn年後の預金残高と元本の関係を求めます。

$$n年後の預金残高 ＝ 元本 \times (1＋金利)^n$$

この式を変形すると元本は次のように算定されます。

$$元本 ＝ \frac{n年後の預金残高}{(1＋金利)^n}$$

これは預金に限ったことではありません。元本を現在価値，「n年後の預金残高」を「将来受け取ることができるお金」と置き換えると以下のように表せます。

$$割引現在価値 ＝ \frac{将来受け取ることができるお金}{(1＋割引率)^n}$$

将来受け取ることができるお金をこのように割り返すことで，現在価値に引き直すことを**割引計算**といい，そのときの率を割引率といいます。預金や貸付金の場合は，利率を割引率として使いますが，利率という概念がない投資（例　株式や事業）もあります。その場合は，割引率として何を使うか§1-5で考えてみましょう。

現在価値は割り算で求める

■固定利率1%のn年後の定期預金の満期の元本と利息の合計額が1,000,000円だった。元本はいくらだったか?

【考え方】元本を X 円とし,n年後の預金残高の関係を求める

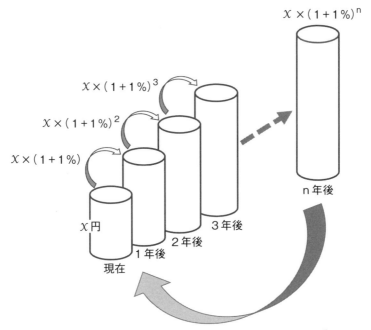

$X \times (1+1\%)^n$

$X \times (1+1\%)^3$

$X \times (1+1\%)^2$

$X \times (1+1\%)$

X 円

現在

1年後

2年後

3年後

n年後

n年後のお金は,$(1+1\%)^n$ で割り戻せば現在価値になる。

$$X \times (1+1\%)^n = 100 \text{万円}$$

$$X = \frac{100 \text{万円}}{(1+1\%)^n}$$

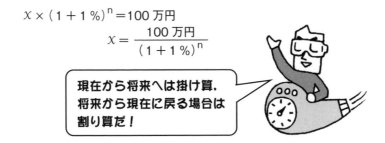

現在から将来へは掛け算,将来から現在に戻る場合は割り算だ!

1-5 預金や貸付金以外の現在価値

利率の概念がない投資の割引率をどうするか？

　利子は時間の対価とリスクの対価から構成されます（§1-2）。預金や貸付金ではない投資（株式や事業）の場合，利子という概念はありませんが，リターンと置き換えると同じことがいえます。つまり時間とリスクに見合ったリターンが要求されるのです。

　貨幣の時間価値のみを考える場合の割引率を**リスクフリーレート**といいます。リスクがゼロに近い国債の利回りが参照されます。

　通常の投資はリスクがゼロということはないので，リスクに対応したリターンをリスクフリーレートに上乗せします。これを**リスクプレミアム**といいます。

　リスクプレミアムが大きいほど，割引率は大きくなります。この大きな割引率で算定した割引現在価値は小さくなるということです。

　割引現在価値を算出することで，投資の判断をすることがありますが，割引率を何％にするかで，計算結果が大きく変わってきます。そのため割引率をどのように設定するかが重要な鍵となってきます。

 Check!　割引率は1つではない

　利率がない投資では，割引率は1つではありません。たとえば減損会計では，①資産グループの購入資金として借り入れたときの利率等，②会社内部で設定された資金グループの目標収益率，③会社が株主や債権者から要求される収益率，④資産グループに類似の市場平均と考えられる収益率，①〜④を総合的に勘案した率等が例示されています。

割引率の大きさと割引現在価値の関係

■リスクに応じた割引率（リターン）が必要 ⇒ リスクプレミアム
　で調整

```
┌─────────────────────┐
│                     │ ┐
│   リスクプレミアム      │ │
│                     │ │ リスクに応じた割引率
├─────────────────────┤ │
│   リスクフリーレート     │ ┘
└─────────────────────┘
```

■割引率が5%の場合と1%の場合の現在価値の違い

	1年後	2年後	3年後	4年後	5年後	合計
将来キャッシュ・フロー	600	550	300	400	10,000	11,850
割引率5%	$\dfrac{600}{(1+5\%)}$	$\dfrac{550}{(1+5\%)^2}$	$\dfrac{300}{(1+5\%)^3}$	$\dfrac{400}{(1+5\%)^4}$	$\dfrac{10,000}{(1+5\%)^5}$	
現在価値	571	499	259	329	7,835	9,494
割引率1%	$\dfrac{600}{(1+1\%)}$	$\dfrac{550}{(1+1\%)^2}$	$\dfrac{300}{(1+1\%)^3}$	$\dfrac{400}{(1+1\%)^4}$	$\dfrac{10,000}{(1+1\%)^5}$	
現在価値	594	539	291	384	9,515	11,323

割引率については，
§2で説明するよ。
まかせて！

COLUMN

死亡時の逸失利益にも
割引現在価値が使われる！

突然ですが，交通死亡事故における，死亡者の逸失利益（生きていれば生涯得られた利益）は，（収入額－生活費）×ライプニッツ係数で計算されるということです。

たとえば，収入額を400万とし，生活費200万，あと20年収入を得られたとします。割引率は，民事法定率などから3％とすると，ライプニッツ係数は14.877とあることから

（400－200）×14.877 ＝ 2975.4となります。

このライプニッツ係数は，割引現在価値の考え方が使われており，年数でリスト化されたものです。これまで学んできた割引現在価値の計算方法で，逸失利益を求めると

$(400－200) ÷ 1.03 ＋ (400－200) ÷ 1.03^2 ＋ (400－200) ÷ 1.03^3 ＋ \cdots$
$(400－200) ÷ 1.03^{20} ＝ 2,975万円$

となり，先ほどライプニッツ係数を使って求めた金額と一致します。

参考までに，一般的な交通死亡事故による算出方法は，以下のようになります。

(1) 将来の収入額を，直前の年収や平均年収などから予測

(2) 将来の支出額を，収入の50％といった仮定を置いて予測

(3) 収入を後何年得られるかを予測します。通例では，67歳まで働けると仮定

(4) (1)(2)で求めた金額に(3)の年数に基づくライプニッツ係数を乗じて算出

§2

割引率とは

　割引率とは，将来価値を現在価値に置き換える際に使う「率」のことです。ところが，この率は一律ではありません。どのようなシーンで使うか，また，使う企業によって率が異なるのです。

　§2では，割引率の本質について考えてみましょう。

用いる割引率をどうするかは，実務上，もっとも悩ましい問題かも。

2-1 割引率とは？

割引率＝将来価値を現在価値に置き換える際に使う率

割引率とは，将来価値を現在価値に置き換える際に使う率のことです。式で表すと次のようになります。将来を１年後とするとこれらは以下の関係にあります。

（１年後の）将来価値 ＝ 現在価値 ×（１＋割引率）

この式からわかるように，銀行預金や貸付金でいうと，割引率＝利子率となります。なんだ割引率って簡単じゃないかと思われるかもしれませんが，そういうわけにはいきません。割引計算を行うシーンは，さまざまです。

減損会計や退職給付会計，資産除去債務や時価の算定では，割引計算が必要です。M&Aにおける企業価値算定や保険の算定でも割引計算が用いられます。こうした場合，預金や貸付金のような利子率はありません。

求められる割引率の性質も一様ではありません。たとえば退職給付会計や資産除去債務では，「貨幣の時間的価値」を置き換える割引率が用いられます（§5-4，§4-5）。減損会計では，「貨幣の時間的価値」に加え，「将来の実績が見積もりから乖離するリスク」も織り込むための割引率が必要です（§3-4）。

目的に合った割引率はどのように求めればよいのでしょうか。以下で考えてみましょう。

割引計算はいろいろなシーンで行われる

現在価値と将来価値は，割引率でつながっている。割引率を r，将来が n 年後とすると，以下の関係がある。

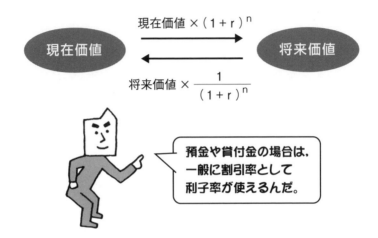

$$現在価値 \times (1+r)^n$$

現在価値　　　　　　　　　　　将来価値

$$将来価値 \times \frac{1}{(1+r)^n}$$

預金や貸付金の場合は，一般に割引率として利子率が使えるんだ。

しかし割引計算をするのは，さまざまなシーンがある。そうした場合に，割引率をどのように算定すればよいかが問題となる。

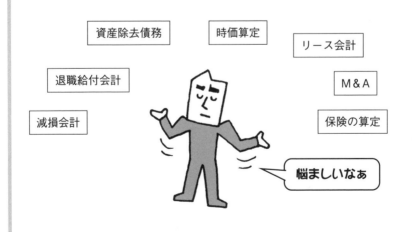

資産除去債務　　時価算定　　リース会計

退職給付会計　　　　　　　　M&A

減損会計　　　　　　　　保険の算定

悩ましいなぁ

2-2 割引率の構成要素①

貨幣の時間的価値の割引率はリスクフリーレートを用いる

　現在価値に影響を及ぼすのは，「時間」と「リスク」でした（§1-2）。ですから，時間の影響だけ見たい場合は，「リスクがゼロ」の場合の割引率を使えばよいということになります。

　しかし実際には，「リスクがゼロ」の資産は存在しません。そこでリスクが最小の資産を「リスクがゼロ」とみなし，この利回りを**リスクフリーレート**とします。リスクが最小の資産としては，元本が保証された安全な資産を用いますが，日本の場合は国債となります。

　さて，リスクがゼロの資産で得られるリターンは，何に対する対価なのでしょうか。それは**「お金を預けた期間，お金を使う機会を奪われたことに対する対価」**です。お金を預けていなければ，そのお金で旅行をしたり，食事をしたり，買い物をしたり，あるいは馬券を買ったりもできます。この機会を奪われた対価の率（リターン率）が貨幣の時間的価値ということです。

 Key Word　利回りと利子率

　債券の投資で得られるリターンは2パターンあります。1つは利息で，もう1つが売却や償還で得られるリターンです。利子率という場合は利息だけの率ですが，利回りは「売却や償還で得られるリターン（売却益，償還益）」も含めた率をいいます。

リスクがゼロの資産のリターンは何に対する対価か？

たとえば額面100万円の国債を99万円で買い，1年後に100万円で償還され，利子1,000円が支払われる場合……

額面100万円の国債が手に入る代わりに，99万円の現金が減る。その結果，温泉も，グルメも，買い物も，馬券を購入する機会も奪われる。

1年後

リターン＝ 償還額1,000,000円 ＋ 利子1,000円
　　　　　－ 購入価額990,000円
　　　　＝ 11,000円

1年間，お金を使う機会を奪われたことに対する対価（＝貨幣の時間的価値）

2-3 割引率の構成要素②

将来の実績が見積もりから乖離するリスクの測定は困難!?

　今度はリスクがある資産に対する投資を考えてみましょう。これには「お金を使う機会を奪われたこと」以外の不利益があります。たとえば,

- デフォルトリスク（元本の全部または一部が返ってこない,または利息が支払われない,等）
- 価格変動リスク
- 流動性が低く,すぐに現金化できないリスク

といったようなものです。

　リスクがあるのですから,それに見合ったリターンが要求されるのは当然です。これを**リスクプレミアム**といいますが,リスクとは裏返しの関係にあります。

> 将来の実績が見積もりから乖離するリスク＝リスクプレミアム

　「将来の実績が見積もりから乖離するリスク」の測定は難しそうですが「要求リターンであるリスクプレミアム」の算定ならばなんとかなりそうですね。そこでリスクプレミアムを把握することで,リスクにかかる割引率を求めます。

　このリスクプレミアムですが,たとえば元本が保証されている社債と,価格変動リスクがある株式では率も考え方も変わってきます。そこで元本が保証されているもの（投資される側にとっては負債）,価格変動リスクがあるもの（投資される側にとっては資本）に分けて,リスクプレミアムを考えてみましょう。

リスクとリターンは裏返しの関係にある！

「将来の実績が見積もりから乖離するリスク」と「要求されるリターン」は裏返しの関係。そうであれば，リターンを算定することで，リスクの把握が可能となる。

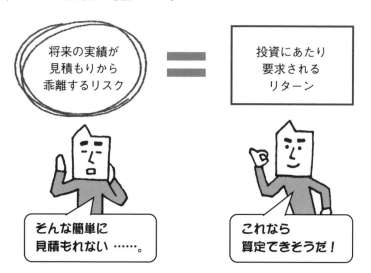

投資の種類によってもリスクは変わり，これに伴い，リスクプレミアムは変わる。同じ会社でも元本が保証されている社債と価格変動リスクがある株式では，リスクプレミアムに違いが生じる。

X 社社債
（元本は固定されている）

X 社株式
（価格変動リスクあり）

株式のほうが，
リスクがあるから，
リスクプレミアムを
より要求したい。

2-4 負債に係る割引率を考える

債権者が期待するリターンは税金を考慮する

　負債の代表例として，借入金や社債が挙げられます。利率や返済・償還期限は契約で定められており，この場合のリスクとは「契約どおりに元本の返済や利払いがなされるか」となります。リスクが実現する確率は企業の格付に表れ，格付が低い企業は，債権者から高いリターンを要求されます。

　さて，企業が事業活動を行うために調達した借入金や社債等の有利子負債（利息が課される負債）に対し，債権者から要求されるリターンを考える場合は，これらの加重平均利子率を用います。これを**負債コスト**といいます。

$$負債コスト = \frac{支払利息の合計}{有利子負債の合計}$$

負債コストは，下記のように表されることもあります。

$$負債コスト = \frac{支払利息の合計}{有利子負債の合計} \times (1 - 法定実効税率)$$

　「1－法定実効税率」を乗じるのは，支払利息が法人税法上の損金に算入されるからです。たとえば100の支払利息があっても，法定実効税率が30％の場合，100の損金算入により30の節税効果があります。税引後で考えると実質的なコストとなるのは，この差額の70となります。本書では，負債コストと区別するために「税引後の負債コスト」と呼ぶことにします。

負債コストを算定してみよう

【設例】

X社の有利子負債とそれぞれの利率は，下記のとおり。また，法定実効税率は30％。この場合の負債コストおよび税引後の負債コストはいくらか。

科目	前期残高（百万円）	当期残高（百万円）	支払利息（百万円）
社債（1年内含む）	30,000	25,000	138
長期借入金（1年内含む）	50,000	40,000	270
リース負債（1年内含む）	10,000	15,000	312
合計	90,000	80,000	720

【考え方】

有利子負債の合計は，前期と当期の平均とする。

科目	前期残高（百万円）	当期残高（百万円）	平均残高（百万円）
社債（1年内含む）	30,000	25,000	27,500
長期借入金（1年内含む）	50,000	40,000	45,000
リース負債（1年内含む）	10,000	15,000	12,500
合計	90,000	80,000	85,000

負債コスト＝ 支払利息の合計／有利子負債の合計
　　　　　＝ 720 ÷ 85,000
　　　　　＝ 0.00847（0.85％）
税引後の負債コスト＝負債コスト ×（1－法定実効税率）
　　　　　　　　　＝0.00847 ×（1－0.30）
　　　　　　　　　＝0.0059（0.59％）

企業側から見るとコストだから
負債コストというんだね！

2-5 株主資本に係る割引率を考える

投資家が期待するリターンはモデルを使って算定する

　株主から出資を受けて調達した資本に対するコストを**株主資本コスト**といいます。株主資本コストは，投資家が要求するリターンです。

　負債コスト（§2-4）との最大の違いは，投資対象の価格（＝株価）が変動することです。これにより両者の期待されるリターンの構成要素が変わってきます。

	負債コスト	株主資本コスト
企業が支払うもの	利息	配当
投資対象の価格変動	ない，または，小さい[1]	大きい
期待されるリターン	リスクに合った利息	**高配当または株価の上昇（またはその両方）**

注1：借入金等の場合は，通常は変動なし。社債等の債券の場合は，価格変動があるが，一般に株式ほど大きな変動はない。

　負債コストの場合，債権者の期待は「リスクに合った利息」と明確でした。一方，株主資本コストの場合は，「高配当」で株主が満足するわけではありません。投資家は，株価の上昇による値上がり益をも期待しているわけです。

　つまり株主資本コストの算定には，市場に左右される株価を予想する必要が生じますが，株価は，会社の業績が良ければ上がるという単純なものではありません。そこであるモデルを使います。§2-6で見ていきましょう。

市場で変動する株価変動をどう予想するか？

株主資本コストは株価変動リスクがあるため，負債コストより算定が難しい

負債コスト：リスクフリーレートと格付で決まる

株主資本コスト：リスクフリーレートと配当予想と**株価予想**で決まる

たとえば乱高下が生じていたX社株。今後の株価をどう予想すべきか？

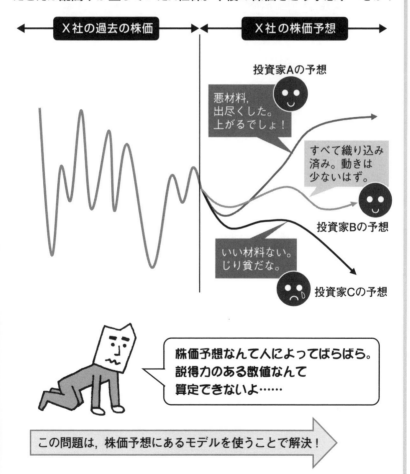

この問題は，株価予想にあるモデルを使うことで解決！

2-6 株主資本コストはCAPMで測定する

決め手はマーケットに対する感応度

　CAPM（キャップエム）は Capital Asset Pricing Modelの略で，日本語では資本資産価格モデルといいます。CAPMは，株主資本コストを算出するための一理論で，株式のリスクプレミアムを以下のように算定します。

> X社の株式のリスクプレミアム
> ＝ マーケットリスクプレミアム × β（X社株式の感応度）

　マーケットリスクプレミアムとは，株式市場が市場リスクを負うことに対して求められるリターンです。日本の場合，TOPIX（東証株価指数）のリスクプレミアムが用いられることが一般的です。

　次に β ですが，これは**個別株式の値動きの株式市場全体の値動きに対する感応度**です（算定方法は§2-7参照）。

　このマーケットリスクプレミアムと β を乗じることで，多くの投資家の意見を聞かなくても，再現性のあるX社のリスクプレミアムを求めることができるのです。

　以上より，貨幣の時間的価値をも加味したX社の株主資本コストは次のようになります。

> X社の株主資本コスト
> ＝リスクフリーレート ＋ マーケットリスクプレミアム × β

株式コストを算定してみよう

【設例】
マーケットリスクプレミアム：5.0％
X社のβ値：0.8
リスクフリーレート：0.1％
この場合の，X社の株主資本コストはいくらか？

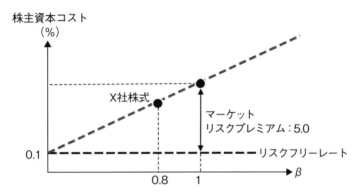

【考え方】
X社の株のリスクプレミアム＝マーケットリスクプレミアム×β
　　　　　　　　　　　　　　＝5.0％×0.8
　　　　　　　　　　　　　　＝4.0％
X社の株主資本コスト＝リスクフリーレート＋リスクプレミアム
　　　　　　　　　　＝0.1＋4.0
　　　　　　　　　　＝4.1（％）

マーケットリスクプレミアムは
TOPIXの加重平均成長率から
リスクフリーレートを引いて
求めることが一般的だよ！

2-7 β値は株式市場全体への感応度

情報ベンダーから得られるが，計算も意外と簡単！

　β値は，株式の値動きの株式市場全体の値動きに対する感応度です（§2-6）。β値＝1を境に，株式の値動きが市場全体より激しいか緩やかかに分かれます。たとえばTOPIXより値動きがより激しいX株のβは1より大きく，値動きがより緩やかなY株のβは1より小さくなります。

　β値が1より大きい銘柄は，景気に敏感ということで，ぜいたく品や業績が不安定な企業，ベンチャーなど若い企業に多い傾向にあります。逆にβ値が1より小さい銘柄は，景気に左右されにくいということで，生活必需品や成熟した企業に多い傾向にあります。

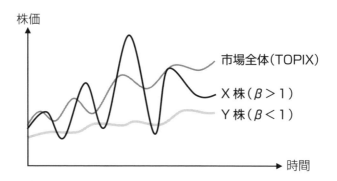

　β値を把握するには2つの方法があります。1つは情報ベンダーの情報を活用することです。もう1つは，自分で計算することです。曲線同士の相関度合いを算定することは難しそうに思われますが，簡単に計算できます。

β値の算定は３ステップで終了！

β値の算定は，３ステップで算定できる。

❶　対象銘柄株価とTOPIXの推移を入手する。

❷　直近からの変動率を算定する（％ではなく，小数のまま）。

❸　LINEST関数で，β値を算定する（数式は下記参照）。

▼トヨタ自動車のβ値の算定例

	A	B	C	D	E
1		終値（月間）❶		変動率 ❷	
2	月	トヨタ自動車	TOPIX	トヨタ自動車	TOPIX
3	2022年12月	1,812.50	1,891.71		
4	2022年11月	2,010.50	1,985.57	0.1092	0.0496
5	2022年10月	2,059.50	1,929.43	0.0244	−0.0283
6	2022年9月	1,876.00	1,835.94	−0.0891	−0.0485
7	2022年8月	2,101.50	1,963.16	0.1202	0.0693
8	2022年7月	2,137.00	1,940.31	0.0169	−0.0116
9	2022年6月	2,100.00	1,870.82	−0.0173	−0.0358
10	2022年5月	2,122.50	1,912.67	0.0107	0.0224
11	2022年4月	2,235.50	1,899.62	0.0532	−0.0068
12	2022年3月	2,222.50	1,946.40	−0.0058	0.0246
13	2022年2月	2,138.50	1,886.93	−0.0378	−0.0306
14	2022年1月	2,245.50	1,895.93	0.0500	0.0048
15	2021年12月	2,105.50	1,992.33	−0.0623	0.0508
16					
17	トヨタ自動車株式のβ値		0.9182 ❸		

=B4/B3−1

=LINEST（D4:D15,E4:E15）

注１：上記は１年間で算定していますが，５年程度で算定することが多いよう
です。また上記のように月次のほか週次で算定することが多いようです。

注２：LINESTとは，相関度合い（＝感応度）を計算するExcelの関数です。上
記の場合は，トヨタ自動車の月間の株価変動率がTOPIXの株価変動率に
対しどれだけ相関するか示しています。

2-8 WACCとは

負債コストと株主資本コストを加重平均して算定する

　話を§2-3に戻しましょう。元々把握したいのは，「将来の実績が見積もりから乖離するリスク」でした。しかし，これを直接測定するのは難しそう―そこで，このリスク裏返しの関係にあって，アプローチできそうなリスクプレミアムを算定しましょうという流れでした。

　さて「企業の将来の実績が見積もりから乖離するリスク」と裏返しにあるのは「企業全体としてのリスクプレミアム」であるはずです。そこで企業全体のリスクプレミアム，つまり負債コストと株主資本コストを合わせたコストを算定する必要が出てきます。これを**WACC（加重平均資本コスト）**といいます。

$$\text{WACC} = \frac{\text{税引後の負債コスト (\%)} \times \text{有利子負債} + \text{資本コスト (\%)} \times \text{株主資本}}{\text{有利子負債} + \text{株主資本}}$$

　WACCは，「企業の将来の実績が見積もりから乖離するリスク」と裏返しのため，減損会計の割引率に使うことができます（§3-4）。資本提供者（債権者や投資家）が求める最低限の収益率なので，投資の意思決定の際に用いることもできます。M&Aを行う際は，投資に見合うリターンが得られるかの検証としてバリュエーション（投資先の評価）を行います。この場合にもWACCを用いることができます。

　これでWACCが算定できるようにも思われますが，じつはまだ問題があります。それは非上場企業のWACCをどう算定すればよいかということです。§2-9で考えてみましょう。

WACCを算定してみよう

【設例】X社の時価ベースの各数値は以下のとおりである。
この場合のWACCはいくらか？

資産	有利子負債	20
	その他負債	10
	株主資本	30
	その他純資産	5

負債コスト：3.0%
法定実効税率：30%
リスクフリーレート：0.1%
マーケットリスクプレミアム：6.0%
β：1.1

【考え方】
① 税引後負債コスト：3.0% ×（1－0.30）＝ 2.1%
② 株主資本コスト：0.1% ＋ 6.0% × 1.1 ＝ 6.7%
③ WACC：((2.1% × 20) ＋ (6.7 % × 30)) ÷ (20 ＋ 30) ＝ 4.86%

【WACCと企業の利益率の関係は？】

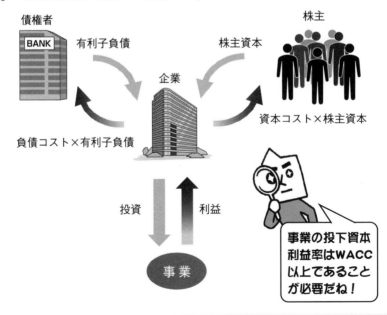

債権者

BANK

有利子負債

企業

株主資本

株主

資本コスト×株主資本

負債コスト×有利子負債

投資　利益

事業

事業の投下資本利益率はWACC以上であることが必要だね！

非上場企業のWACCの算定方法

2-9

類似会社のβ値を補正し平均をとって使う

　非上場企業の場合，個別株式の値動きの株式市場全体の値動きに対する感応度であるβ値を測定できません。そこで非上場企業の場合は，その企業が属する業界の類似企業のβ値を参考にしてWACCを算定します。

　しかしβ値には，事業リスクだけではなく財務リスクも含まれているので，β値の単純平均は精緻なものとはいえません。

　このことは，借金がある企業と無借金経営の企業を比べるとわかります。事業リスクは資金調達の方法に関係なく一定です。しかし借金がある企業は無借金の企業より財務リスクが大きくなっています。このリスクの差分がβ値に上乗せになります。つまり，同じ企業でも借金がある場合は無借金の場合よりβ値が大きいということです。

　したがって類似企業のβ値の平均をとる前に財務リスクを含むβ（以下，「**レバードβ**」という）から，財務リスクを排除した純粋な事業リスクのβ値（以下，「**アンレバードβ**」という）に補正する必要があります。一般にこの平均を非上場企業のアンレバードβとみなすのですが，もう一段階補正が必要です。それは非上場企業に有利子負債がある場合は，レバードβに置き換える必要があるのです。

　二段階の補正に用いるのが，アンレバードβとレバードβの関係です。

アンレバードβ ＝ レバードβ ÷ （1＋（1－法定実効税率）×D／E）

※D：有利子負債の時価，E＝株主資本の時価

　関係式の説明はここでは割愛しますが，この関係式を用いれば，非上場企業のWACCも算定が可能となります。

非上場企業の株主資本コスト算定の流れは？

非上場企業Ｘ社は自動車業界に属する。そこで同業界の上場企業Ａ社〜Ｅ社のβ値を参考に，株主資本コストを算定することとした。

【Step１】参考とする上場企業のレバードβをアンレバードβに補正する。

【Step２】アンレバードβの平均をとる（←Ｘ社のアンレバードβとみなす）

	A	B	C	D	E	F	
1		レバード β	有利子負債	株主資本（時価）	法定実効税率	アンレバード β	=B2/(1+(1−E2)*C2/D2)
2	A社	0.90	3,500	3,300	30%	0.517	
3	B社	1.31	2,000	1,000	30%	0.546	
4	C社	0.73	1,750	2,000	30%	0.453	
5	D社	1.20	800	500	30%	0.566	
6	E社	0.86	960	700	30%	0.439	
7	平均					0.504	←【Step２】

【Step３】Ｘ社のアンレバードβをレバードβに置き直す。

	A	B	C	D	E	F	
1		アンレバード β	有利子負債	株主資本（時価）	法定実効税率	レバード β	=B2*(1+(1−E2)*C2/D2)
2	X社	0.504	400	250	30%	1.068	

【Step４】リスクフリーレートとマーケットリスクプレミアムから株主資本コストを算定する。

※リスクフリーレート：0.1%，マーケットリスクプレミアム6.0%とする。

　Ｘ社の株主資本コスト＝0.1%＋6.0%×1.068＝6.5%

割引率をクリアしたぞ！
さあ，これから各論に
入っていこう。

COLUMN

リスクとリターンのアンマッチは要注意！？

　リスクに応じてリスクプレミアムが設定されます。安全資産である国債や預金の利率は低く設定されています。これをローリスク・ローリターンといいます。リスクが高い代わりリターンが大きい先物取引やFXはハイリスク・ハイリターン，株式投資や投資信託や不動産投資等はその中間程度で，ミドルリスク・ミドルリターンといいます。

　つまりリスクをおさえるならリターンも低くなり，リターンを高めようとするならリスクも高まるというわけです。ですから「儲かります！しかもリスクはほとんどなし！」なんて言われたら疑ったほうがいいでしょう。詐欺かもしれません。一方，リスクが高いのにリターンが低いようでしたら，ぼったくりにあっているかもしれません。

　リスクとリターンのアンマッチには要注意ということです。

§3

固定資産の減損と
割引計算

　事業用資産のモトがとれない状況となった場合，そのモトが見込めない部分を損失計上するのが減損会計です。この減損損失額の算定に欠かせないのが割引計算です。

　§3では，ケーススタディーで減損会計と割引現在価値の関係を考えます。

資産の価値を把握する
減損会計と，割引計算との
関係について見てみよう！

すごろくで理解！
各基準の全体像と割引計算 －「減損会計」

§3では，減損会計のすべてを説明するわけではありません。このため減損会計の全体像とどの部分で割引計算が関係するかを示します。

資産のグルーピングをする

　事業用資産の減損は，その投資回収に黄色信号が灯ったときに適用される会計処理。比較するのは，「キャッシュを生み出すモトとなる資産グループ」と「投資回収見込み」。資産は単独ではキャッシュを生み出さないので，キャッシュを生み出すモトとなる資産グループを把握する。
※§3では新規に設備投資されたホテルを資産グループとしている。

ここで割引現在価値が登場！

減損損失の測定をする

　「キャッシュを生み出すモト（簿価）」と回収可能価額を比較し，減損損失額を確定する。
　回収可能価額は使用価値（資産を使用し続けて得られる収入）と正味売却価額（資産を売却して得られる収入）のいずれか高いほう。
　使用価値は将来キャッシュ・フローを割引計算して求めるが，見積もりが乖離するリスクを考慮することが必要となる。

乖離リスクは，割引率に含めるか，将来キャッシュ・フローに含めるか。

（関連見開き：§3-2，§3-3，§3-4，§3-6）

減損の兆候を把握する

　減損の要否は2段階でなされる。まずは4つの事象に該当しないかをざっくり見る。いずれかに該当する場合のみ,「減損の認識の判定」に進む。
　　①営業活動から生じる損益等が継続してマイナスか
　　②回収可能価額を著しく低下される変化があるか
　　③経営環境の著しい悪化があるか
　　④市場価格の著しい下落があるか
(関連見開き：§3-2, §3-5)

減損の認識の判定をする

　「キャッシュを生み出すモト（簿価）」と「投資回収見込み」を比較することで,減損の要否の結論を出す。投資回収見込みは将来回収されるキャッシュ・フローなので厳密には割引計算が必要だが,ここでは「減損の要否」を判定するだけなので,割引計算はしない。
(関連見開き：§3-2, §3-5)

割引計算は
「減損損失の測定」で
するよ！

※§3-1は減損会計の考え方, §3-7は注記の説明です。

GOAL

3-1 固定資産の減損会計とは

モトがとれない部分の簿価を切り下げる方法

　企業は，より多くの利益を得るために事業用資産に投資をします。しかし，景気の悪化や同業他社との競争の激化，予期せぬコロナウイルス感染症拡大等による需要の減少など，投資時点では想定しえなかった環境の変化により，期待通りに事業が進まないことが起こりえます。

　そのような環境の変化が生じた場合，企業は当初想定していた利益を得られるのか，判断する必要があります。つまり想定通りに投資額プラスαを得ることができるのか，プラスαが縮小するならまだしも，投資額つまりモトすらもとれなくなる可能性があるからです。

　このように，さまざまな要因により投資のモトがとれない状況になった場合，財務諸表においても事業用資産の資産価値を実態に合わせて表示する必要があります。この「モトがとれない部分を算定し，事業用資産の計上額から切り下げる会計処理」が**減損会計**です。

 Check!　コロナ禍が減損を引き起こすこともある？

　コロナウイルス感染症拡大の影響は，ビジネス面でも大きな影響を及ぼしました。たとえばホテル等の宿泊業界は，従前はインバウンド需要の拡大により，業績好調でした。ところがコロナウイルス感染症拡大後，日本への入国制限や国内需要の冷え込み等で業績が一気に悪化し，減損の検討をせざるをえない状況となったのは記憶に新しいところです。

　このように，想定しえない急激な環境の変化が減損を引き起こすこともあるのです。

固定資産の減損会計とは？

ホテルを経営するA社は，今後の需要拡大を見込み，X0年末にホテルの設備投資をした。
投資時の設備投資額とX1年以降の回収計画は下記の通り。

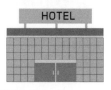

【前提】取得原価640百万円，残存価額0百万円，耐用年数8年
　　　　（減価償却費80百万円／年）

モト（簿価）	投資の回収計画（設備投資時）					
	X1年	…	X6年	X7年	X8年	計
640	100	…	100	100	100	800

投資時点の見込み：160の儲け（＝800－640）

ところが5年後，新型コロナウイルス感染症による経営環境の悪化により，6年度以降の回収見込みが，当初計画より大幅減！
事業用資産の価値はどのように表すべきか？

モト（簿価）	投資の回収見込み（X5年末）			
	X6年	X7年	X8年	計
（※）240	80	55	30	165

※640－80×5＝240
5年後の将来見込み：75の損失（=165 － 240）

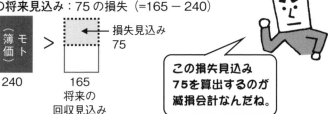

3−2 割引計算はどこで 用いられるか？

3ステップの最後の局面で用いられる

減損会計では，下記の３つのステップを経由します。

| ステップ1 | 減損の兆候 |

「減損の兆候」を指標に，保有する全資産をふるい分けする。

| ステップ2 | 減損の認識 |

「減損の兆候」があると判断された資産について，「モトがとれるか」回収見込みをざっくりテストする。

| ステップ3 | 減損の測定 |

回収可能価額をきっちり算定し，減損損失を計上する。

　ステップ２（減損の認識）もステップ３（減損の測定）のいずれも回収見込みを算定しています。ざっくりときっちりがどう違うかというと，割引計算が用いられるか否かです。回収見込額は将来の金額であるため，現在価値の精緻な算出には，**「貨幣の時間価値」**と**「将来の実績が見積もりから乖離するリスク」**を織り込む必要があります。そのため損失計上額を確定するステップ３（減損の測定）では，割引計算を行うのです。

Check!　割引現在価値を算出するための２つのポイント

① 貨幣の時間価値

　同じ金額でも将来時点と現在時点では価値が違うため，受取時点によるリスクを反映させる

② 将来の実績が見積もりから乖離するリスク

　企業の将来時点の見積もりが乖離するリスクを，業績の安定性等に応じて反映させる

割引計算はどこで用いられる？

減損会計で回収見込みが算定されるのはステップ2とステップ3。そのうち，割引計算が用いられるのはステップ3のほうである。その理由は……？

ステップ2　減損の認識

　減損の兆候があると判断された資産について，回収可能性テスト（投資のモトと割引前の回収見込みを比べる）を実施する。

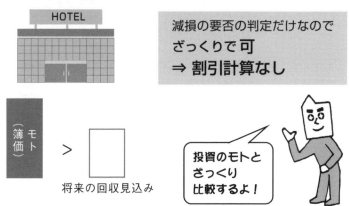

ステップ3　減損の測定

　資産の簿価を回収可能価額まで切り下げ，減損損失を計上する。

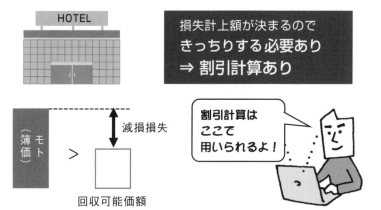

3-3 モトと何を比べるのか？

モトと比べるのは，将来の回収見込み

　減損会計とは投資のモトがとれない状況になった場合，**モトがとれない部分**を算定し，事業用資産の計上額を切り下げる会計処理です（§3-1）。

　モトがとれない部分は，下記のように算定されます。

> モトがとれない部分 ＝ 投資のモト（簿価）－ 回収可能価額

　回収可能価額とは，「資産を使用し続けることで得られる収入（処分による収入・支出含む）」である**使用価値**と「資産を売却し得られる収入」である**正味売却価額**のいずれか高いほうの金額です。

　「いずれか高いほう」というのは，企業は常に最大の利益を得ることを目的としていることから，より利益を多く得られる，つまり，より多くの投資額を回収できる方法を選択すると，想定されるためです。

　通常，使用価値は正味売却価額より高いと考えられるため，明らかに正味売却価額が高いと考えられる場合や，処分予定がすぐといった場合をのぞき，現在の正味売却価額の算定は必ずしも必要ではありません。

Check! 正味売却価額はいつの時点のもの？

　正味売却価額は，「資産を売却した場合にいくらになるか」を表した金額です。この正味売却価額は「今，資産を売却したらいくらになるか？」と現時点のものを指し，割引計算はしません。なお実務上，観察可能な時価が明確に存在しない場合には，専門家からの鑑定評価書を入手することにより，時価を把握するケースが見られます。

回収可能価額とは？

回収可能価額は，使用価値と正味売却価額のいずれか高いほう。
ホテルを経営するA社だったら……

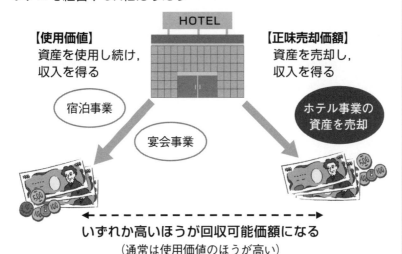

【使用価値】
資産を使用し続け，
収入を得る

宿泊事業

宴会事業

【正味売却価額】
資産を売却し，
収入を得る

ホテル事業の
資産を売却

いずれか高いほうが回収可能価額になる
（通常は使用価値のほうが高い）

業績が悪化すると，使用価値は減少する。すると……

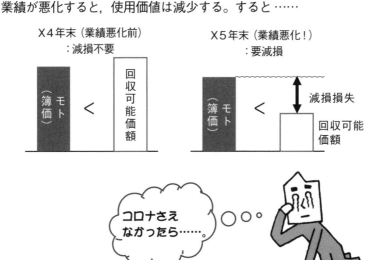

X4年末（業績悪化前）
：減損不要

X5年末（業績悪化！）
：要減損

減損損失

回収可能価額

コロナさえ
なかったら……

3－4 使用価値の算定で用いる割引率は？

リスクを反映する方法は2つある

　使用価値は長期にわたる見積もりであることから，企業によって見積もりの確度は異なります。業績が不安定な企業と業績が安定している企業では，一般に前者のほうが実績が見積もりから乖離するリスクが大きくなります。

　減損会計基準では，見積もりと実績が乖離するリスクを織り込む方法を2つ定めています。1つは，乖離リスクを割引率に反映する（率を大きくする）という方法です。この場合，将来キャッシュ・フローにリスクは反映しません。もう1つは，乖離リスクを将来キャッシュ・フローに反映させる（金額を小さくする）方法です。この場合，割引率は貨幣の時間価値だけを反映したリスクフリーレートとなります。

　いずれも，乖離するリスクを織り込んだ分，リスクを考慮しない場合よりも現在価値が相対的に小さく計算されることとなります。

　将来キャッシュ・フローにリスクを織り込まない場合の使用価値に用いられる割引率は，下記の4つです。

- 資産又は資産グループに固有のリスクを反映した収益率
- 企業に要求される資本コスト
- 資産又は資産グループに類似した資産又は資産グループに固有のリスクを反映した市場平均と考えられる合理的な収益率
- 資産又は資産グループのみを裏付けとして大部分の資金調達を行った時に適用されると合理的に見積もられる利率

割引計算にリスクを反映する方法は2通り

① 乖離リスクを割引率に含めて割引率を大きくする方法

※貨幣の時間価値だけを反映したリスクフリーレートを1％，リスクを織り込ん
だ割引率を8％とする

	1年後	2年後	3年後	合計
割引前将来 キャッシュ・フロー	100	80	65	245
割引率1％計算式 （リスク織り込み前）	$\dfrac{100}{(1+1\%)}$	$\dfrac{80}{(1+1\%)^2}$	$\dfrac{65}{(1+1\%)^3}$	
現在価値	99	78	64	241
割引率8％計算式 （リスク織り込み後）	$\dfrac{100}{(1+8\%)}$	$\dfrac{80}{(1+8\%)^2}$	$\dfrac{65}{(1+8\%)^3}$	
現在価値	93	69	52	214

リスクを反映！

② 乖離リスクを将来キャッシュ・フローに含めて割引率を大きくする

	1年後	2年後	3年後	合計
割引前将来 キャッシュ・フロー	100	80	65	245
割引前将来 キャッシュ・フロー （リスク織り込み後）	94	70	54	218
割引率1％計算式 （リスク織り込み後）	$\dfrac{94}{(1+1\%)}$	$\dfrac{70}{(1+1\%)^2}$	$\dfrac{54}{(1+1\%)^3}$	
現在価値	93	69	52	214

リスクを反映！

いずれの方法でも，リスク反映により，
現在価値が小さくなっているね！

3−5 設 例①

減損の兆候・認識では割引現在価値は使用しない！

　ここからは設例を用いて減損会計の流れを見てみましょう。

　まずステップ１の減損の兆候です。ホテル経営を行うＡ社は，当期，新型コロナウイルス感染症拡大のために，従来の営業活動ができなくなったとします。これによりホテルの将来キャッシュ・フローは，投資時より著しく減少する見込みです。

　経営環境の著しい悪化は，減損会計基準でも減損の兆候の一例として挙げられており，この影響によって，投資のモトがとれなくなる可能性が非常に高いことが明確であれば，減損の兆候があると判断されます。

　次にステップ２の減損の認識です。減損の兆候があると判断された新規ホテル事業は，中期計画等を元に将来キャッシュ・フローを検討する必要があります。

　認識の場合のポイントは，回収見込額がざっくりであること，つまりここでは**割引前の将来キャッシュ・フロー**を用いる点です。

投資のモト／帳簿価額：240百万円
＞回収見込額（ざっくり計算）／割引前将来キャッシュ・フロー：215百万円

　Ｘ５年末においては，投資のモトがとれないので，減損を認識する必要があると判断し，ステップ３として減損の測定に進むことになります。

設例で見る減損会計と割引現在価値①

【前提】

- 対象となるホテルの資産の簿価は当期末（X5年末）において240百万円。
- ホテルの経済的耐用年数はX8年末に到来する。
- X5年に新型コロナウイルス感染拡大の影響で，インバウンド需要が落ち込み，ホテルの経営環境が悪化した。
- X5年末の割引前将来キャッシュ・フローは以下のとおり。

	中期経営計画に基づく将来CFの見積もり			（単位：百万円）資産処分
	X6年	X7年	X8年	X8年末
営業CF	80	55	30	
資産処分によるCF				50
割引前将来CF総額	215　（＝80＋55＋30＋50）			

ステップ1　減損の兆候

新型コロナウイルス感染症拡大の影響で，インバウンド需要が落ち込み，ホテルの経営環境が悪化した。
⇒ 減損の兆候に該当

ステップ2　減損の認識

新規ホテルの割引前将来キャッシュ・フロー215百万円 ＜ 簿価240百万円
⇒ 減損の認識をする。

Point！

減損の兆候・認識ステップでは，割引現在価値は使用しない。認識ステップでは割引前の将来キャッシュ・フローを使用！

3-6 設 例②

割引計算は減損の測定で用いられる！

　ステップ3は減損の測定です。このステップで減損損失の金額を算定しますが，その際に投資のモトがどこまでとれるかをきっちり計算する必要があります。そこでポイントとなるのが回収可能価額です。回収可能価額とは使用価値と正味売却価額のいずれか高いほうの金額でしたね（§3-3）。

　使用価値はステップ2の認識判定で用いた将来キャッシュ・フローをベースにしますが，貨幣の時間価値と将来の実績が見積もりから乖離するリスクを織り込むために**割引計算**をします。

　右ページの例では，割引後将来キャッシュ・フローの209百万円が使用価値の金額となります。時間価値やリスクを織り込まないざっくり計算の215百万円（**§3-5**参照）より小さい金額となっていますね。

　一方，正味売却価額は不動産鑑定士による評価の結果，60百万円とすでに算出されているため，こちらの金額を用います。

　回収可能価額は，使用価値と正味売却価額のいずれか高い金額ですので，ホテルの回収可能価額は209百万円となり，減損損失は簿価との差額31百万円となります。

設例で見る減損会計と割引現在価値②

【前提】

- リスクプレミアムを織り込んだ割引率は1.5%。
- 不動産鑑定士による正味売却価額は60百万円。
- 上記以外は§3-5と同じ。

ステップ3　減損の測定

減損損失を計上するにあたり，回収可能価額を算定する。

回収可能価額は使用価値と正味売却価額のうち，いずれか高いほうの金額なので，使用価値と正味売却価額の算定が必要。

① 使用価値

　各期の将来キャッシュ・フローの割引計算をし，その合計を求める。

　下記のとおり209百万円となる。

（単位：百万円）

	X6年	X7年	X8年	資産処分
CF	80	55	30	50
X5年末からの期間	1年	2年	3年	3年
算定式	$\dfrac{80}{(1+1.5\%)}$	$\dfrac{55}{(1+1.5\%)^2}$	$\dfrac{30}{(1+1.5\%)^3}$	$\dfrac{50}{(1+1.5\%)^3}$
割引現在価値	79	53	29	48
割引後将来CF	209　（＝79＋53＋29＋48）			

Point！

使用価値の算出過程において，割引計算が適用される！

② 正味売却価額

　前提のとおり，60百万円

① 209百万円 ＞ ② 60百万円のため，新規ホテルの資産グループの回収可能価額は209百万円となる。

以上より，ホテルの減損損失は31百万円（＝ 240百万円－209百万円）となる。

3-7 注　記

固定資産の減損の注記と割引計算の関係

固定資産を減損した場合，下記の5つを損益計算書の注記に記載します。

① 減損損失を認識した資産

② 減損に至った経緯

③ 減損損失の金額

④ グルーピングの方法

⑤ 回収可能価額の算定方法

このうち，割引計算に関係するのは⑤の回収可能価額の算定方法です。算定方法とは具体的には「使用価値と正味売却価額のいずれを回収可能価額としたか」「使用価値を採用している場合，割引率はいくらか」「正味売却価額を採用している場合，何を基準に算定しているか」です。使用価値が採用された場合，割引率が記載されますが，これにより会社がどの程度のリスクを見込んでいるかが読み取れます。

割引率にリスクを反映した場合，割引率＝リスクフリーレート＋リスクプレミアム（**§2-3**）となります。リスクフリーレートには国債の利率が使われることが多く（国が同じであれば同水準となる），会社ごとのリスクプレミアムを注記から逆算することが可能です。これにより，各会社の時点ごとの比較や，同業他社比較でリスクをどの程度見込んでいるかを読み取ることができます。

減損損失注記と割引計算の関係

■損益計算書の減損損失注記の内容とそこから明らかになること

記載すべき内容	注記からわかること
① 減損損失を認識した資産	損失が発生している会社の資産
② 減損に至った経緯	なぜ資産に損失が発生しているのか
③ 減損損失の金額	資産の損失の金額
④ グルーピングの方法	会社の資産がどのような単位で管理されているか
⑤ 回収可能価額の算定方法	・使用価値と正味売却価額のどちらか ・使用価値の場合，割引率はいくらか ・正味売却価額の場合，何を基準に算定しているか

割引計算が関係する注記はここ！

■割引率の注記から明らかになる
リスクプレミアム

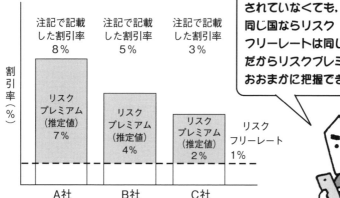

割引率の内訳が記載
されていなくても，
同じ国ならリスク
フリーレートは同じ。
だからリスクプレミアムを
おおまかに把握できるぞ！

（注）A社，B社，C社は同じ国であることが前提

COLUMN

会計基準によって使用される「割引率」

　一口に割引率といっても，会計基準により，リスクプレミアムを反映させた割引率を使用する場合と，無リスクの割引率を使用する場合があります。ポイントは「貨幣の時間価値の反映」「将来の見積もりと実績が乖離するリスク」のいずれに重きを置くかです。

　割引計算において「貨幣の時間価値の反映」に重きを置く場合，使用される割引率は無リスクの割引率となります。たとえば，退職給付会計は，長期にわたる制度であること，また退職給付見込額のうち，期末日現在までに発生していると認められる金額の時間価値を置きなおすことで退職給付債務を求める点に重きを置いています。そのため，貨幣の時間価値の反映を重視し，割引率は無リスクに近い「期末における安全性の高い長期の債券の利回り」を用いることとされています（ただし，毎期，割引率の見直しが要求される）。

　一方，割引計算において「見積もりと実績が乖離する乖離リスク」に重きを置く場合，使用される割引率はリスクプレミアムを反映させた割引率となります。たとえば，減損会計のように将来キャッシュ・フローの見積もりなど，経営者の見積もりの要素が大きく影響するような場合には，より精緻な割引計算のために，リスクプレミアムを反映させた割引率を用いることとされています。

時間価値

見積もりの
乖離リスク

§4

資産除去債務と
割引計算

　資産除去債務の会計処理にも割引計算が使われています。§4では具体的な設例を交えながら，資産の取得時，取得後および除去時に分けて説明します。

資産除去債務は
資産を除去する法律上の
義務のことだよ。

すごろくで理解！
各基準の全体像と割引計算－「資産除去債務」

資産除去債務は，将来の資産除去に係る支出を計上する会計です。このため割引計算を用います。会計処理の中のどこで使われるか確認してみましょう。

資産除去債務に該当するか判定する

資産の除去に関して法令や契約で要求される法律上の義務があれば，対象となる。

賃借契約に伴う原状回復義務やアスベストの除去などがあるぞ。

(関連見開き：§4-1)

除去時の処理

資産を除却する。資産除去債務を取り崩す。実際の支出額との差額は履行差額として費用処理する。

(関連見開き：§4-8)

流れがつかめたぞ！

GOAL

※§4-2は資産除去債務と引当金の比較，
　§4-9は注記の説明です。

資産除去費用を見積もる

見積額に
インフレ率や
乖離リスクも
勘案するよ！

（関連見開き：§4-3）

ここで割引現在価値が登場！

資産除去費用を現在価値に戻し，資産除去債務を求める

割引率としては，無リスクの割引率を用いる。

（関連見開き：§4-4，§4-5）

取得時の処理

資産除去債務を負債に計上するとともに，同額を有形固定資産の簿価に加える。

（関連見開き：§4-6）

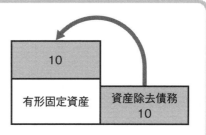

年々の処理

資産除去債務：時の経過に伴い生じた利息費用を加算する。
有形固定資産：減価償却を実施する。

（関連見開き：§4-7）

「利息費用
＝期首の資産除去債務×割引率」だよ。

4-1 資産除去債務とは？

法令・契約で要求される有形固定資産の除去義務等

資産除去債務とは，資産の除去に関して法令や契約で要求される**法律上の義務**などのことで，たとえば以下のようなものがあります。

- 土地や建物の賃借契約に伴う原状回復義務
- 石綿障害予防規則等に基づくアスベストの除去等
- 土壌汚染対策法に基づく土壌汚染の除去等

このような義務があると，将来，その義務を履行するときに，費用が発生する可能性が高くなります。そこで有形固定資産の取得，建設，開発または通常の使用によって，義務が**発生したとき**に資産除去債務を**負債として計上**することとされています。

原則的な処理は，資産除去債務が発生（資産を取得）したときに，有形固定資産の除去に必要となる将来の支出額を見積もって，それを現在の価値に割り引いた金額を資産除去債務として負債に計上します。そして，この負債と同額を，関連する有形固定資産の帳簿価額に加算計上します。

 Check! 資産除去債務の簡便的な会計処理

賃借契約に関連する敷金がある場合は，簡便な処理が認められています。具体的には，敷金の回収が最終的に見込めないと認められる金額を合理的に見積もり，そのうち当期の負担に属する金額を費用に計上するのです。

将来の支出を現在の財務諸表に反映する

資産除去債務 ＝ 法令や契約で要求される法律上の義務など

➡ 発生したときに負債として計上!!

◇ 将来に発生が見込まれる色々な資産除去債務

・賃借契約に伴う原状回復義務　　・法令等に基づく除去義務
　　　　　　　　　　　　　　　　　　　例　アスベストや土壌汚染など

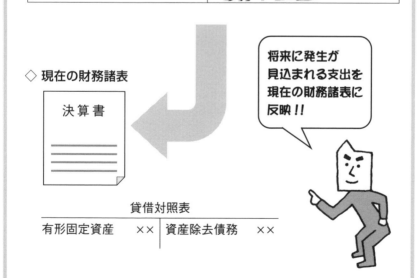

◇ 現在の財務諸表

決算書

将来に発生が
見込まれる支出を
現在の財務諸表に
反映!!

貸借対照表

| 有形固定資産 | ×× | 資産除去債務 | ×× |

4-2 資産除去債務と引当金

資産除去債務は減価償却により使用期間を通じて費用処理

資産除去債務に類似するものとして，引当金があります。どのような違いがあるのでしょうか。

資産除去債務は，**有形固定資産の除去に関わるもの**と定義されており，使用期間中に実施する環境修復や修繕などは対象にはなりません。また，**法令または契約で要求される法律上の義務およびこれに準ずるもの**に該当しない企業が自発的に行う資産の除去も対象にはなりません。

これに対して引当金は，資産の除去や法律上の義務があるものに限定されず，**引当金の4つの計上要件**を満たしたものが対象となります。

その他には，以下のような違いがあります。

	資産除去債務	引当金
発生可能性	将来の支払いが不可避	発生の可能性が高い
費用処理	固定資産の減価償却を通じて費用計上	将来発生する費用や損失のうち当期分を費用計上
負債の計上額	将来の支出額を現在の価値に割り引いて計上	費用処理に対応する残高を計上

🔑 Key Word　引当金の計上要件

引当金の計上要件としては，①将来の特定の費用または損失であること，②その費用または損失が当期以前の事象に起因して発生するものであること，③発生の可能性が高いこと，④その金額を合理的に見積もることができることの4要件を満たしたものが計上対象とされています。

資産除去債務と引当金の違い

◇ 資産除去債務と引当金を計上するときのイメージ

資産除去債務の場合

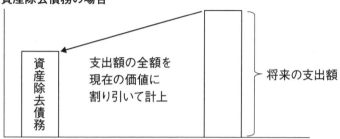

資産除去債務

支出額の全額を
現在の価値に
割り引いて計上

将来の支出額

引当金の場合

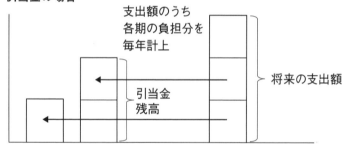

支出額のうち
各期の負担分を
毎年計上

引当金
残高

将来の支出額

◇ 資産除去債務と引当金の計上対象の
　イメージ

引当金の計上対象

資産除去債務
の計上対象

資産除去債務と引当金は
将来の負担に関する
処理だけど
色々と違いもあるね。

4-3 資産除去費用の見積もり

資産の除去に必要となる将来の支出額の見積もり

　資産除去債務の算定には，まず，有形固定資産の除去に必要となる将来の**資産除去費用**を見積もる必要があります。

　資産除去費用は，「合理的で説明可能な仮定や予測に基づいて，最も発生する可能性の高い金額」，または「いくつかの発生する可能性のある金額を発生確率で加重平均した金額」によって見積もります。

　具体的には，以下の情報を基礎として見積もることになります。

- 除去に必要な平均的な処理作業に対する価格の見積もり
- 取得時に取引価額から控除された当該資産に係る除去費用の算定の基礎となった数値
- 過去において類似の資産について発生した除去費用の実績
- 投資の意思決定を行う際に見積もられた除去費用
- 除去を行う業者など第三者からの情報

　上記によって見積もられた金額について，インフレ率や見積値から乖離するリスクを勘案します。また，技術革新などによる影響額を見積もることができる場合には，これを反映させることになります。

 Check!　資産除去債務の簡便的な会計処理

　資産除去費用には，有形固定資産の除去に係る作業のために直接要する支出のほかに，処分に至るまでの支出（たとえば，保管や管理のための支出）も含まれますが，法人税等の影響額は含まれません。

賃借契約に伴う原状回復義務の場合

◇ **契約内容を確認** …「資産除去債務＝法令や契約で要求される義務」

第×条 本物件の明渡し時において，○○は，通常の使用に伴い生じた本物件の損耗を除き，本物件を原状回復しなければならない。
第×条 本契約に係る明渡し時の原状回復の条件については別表の記載による。
別表
…

◇ **過去に同じようなケースで発生した費用を確認**

科目	年月	広さ	資産除去費用	
			（総額）	（単価）
A物件	○年○月	40m²	85万円	2.1万円/m²
B物件	×年×月	50m²	90万円	1.8万円/m²
C物件	△年△月	60m²	125万円	2.1万円/m²

平均　2.0万円/m²

◇ **業者から資産除去費用に関する情報を入手**

見 積 書

100万円

契約の内容を確認したうえで過去の除去費用の実績や業者からの情報などを参考に資産除去費用を見積もろう。

割引計算はどこで行われるか？

4-4

資産の取得時と取得後（年々の利息費用）で行われる

　資産除去債務の計上額は，その義務を履行するとき（将来）に発生する費用の見積額をベースとしますが，そのままの金額で計上するのではありません。

　銀行にお金を預けた際に利息が付くのと同じように，現在と将来では金利分だけ価値が異なることになります。そのため，資産除去債務を計上するにあたっては，将来発生すると見積もった額を現在の価値に戻す必要があります。ここで**割引計算**が必要となります。

　一方，資産除去債務計上後の各年度では，時間経過に応じた価値の調整が必要となります。これを「**時の経過による資産除去債務の調整額**」といいます。将来から現在に戻したときは割引率で割り戻したので，現在から将来に時間経過したときは割引率を掛けることとなります。

　具体的には，以下のように算定され，期首の資産除去債務に時の経過による資産除去債務の調整額を加算することで，価値が調整されます。

> 時の経過による資産除去債務の調整額
> ＝期首の資産除去債務の帳簿価額×割引計算に使用した割引率

　この「時の経過による資産除去債務の調整額」は，利息費用とよばれ，実際に資産が除去されるまでの期間において毎期費用計上されます。

資産除去債務の割引計算

◇ 銀行にお金を預金すると・・・

現在

銀行預金100万円

10年後

金利1％

将来

利息が付いて約110万円に！

◇ 将来の支出を現在の価値に換算すると・・・

現在

現在の価値だと
約90万円

決算書

10年前

金利1％

将来

将来の費用100万円は

工事費用100万円

貸借対照表　　（単位：万円）

有形固定資産	90	資産除去債務	90

現在の価値に換算した上で
会計処理をするんだね。

将来の支出との差額10万円は
利息のようなものだね。

4−5 資産除去債務で使用する割引率

リスクを加味すべきか否か

　資産除去債務会計基準開発時に，信用リスクを反映させた割引率と，無リスクの割引率のいずれを用いるべきかについて，議論がありました。

　前者は，「利息費用は割引率を乗じて算定されるが，資金調達の利息と整合するように信用リスクを加味すべき」というものや，「将来キャッシュ・フローが信用リスクに関わりなく生ずる支出額であるときには，信用リスクを反映させた割引率で割り引いた現在価値が本来的な負債の時価になる」といった観点から支持されました。

　後者は，「資産除去債務のように自己の信用リスクの影響を含んでいない支出額により見積額を計算する場合には，割引率も無リスクの割引率とすることが整合的である」という観点や，以下の観点から支持されました。

- 退職給付債務の算定においても無リスクの割引率が使用されている。
- 信用リスクの高い企業のほうが高い割引率を用いることで負債計上額が少なくなるという結果は財政状態を適切に示さないと考えられる。
- 資産除去債務の性格上，自らの不履行の可能性を前提とする会計処理は適当ではない。

　最終的には資産除去債務の割引率は後者の**無リスクの割引率**を用いることとなりました。両者のメリット・デメリットの勘案に加え，資産除去債務の債務としての性質（明示的な金利キャッシュ・フローを含まない）ことから，退職給付債務と同様の無リスクの割引率を用いることが，現在の会計基準全体の体系と整合的と考えられたのです。

なぜ無リスクの割引率を使用するのか

割引率の
2つの考え方

→ 無リスクの割引率 ← **採用**

→ 無リスクの割引率に信用リスク※を調整

※信用リスク…債務者が債務を履行できないリスク

◇ **無リスクの割引率に信用リスクを調整した場合のメリットとデメリット**

メリット	デメリット
・資産除去債務のように将来キャッシュ・フローに信用リスクが含まれていない場合には，割引率に信用リスクを調整することで本来的な負債の時価を算定できる ・負債を計上した期以降において，他の資金調達と同様のリスクを反映した率で利息費用を計上することができる	・信用リスクの高い企業のほうが高い割引率を用いることにより負債計上額が少なくなってしまうので財政状態を適切に示さない ・自らの債務不履行の可能性を前提とする会計処理は適当ではない

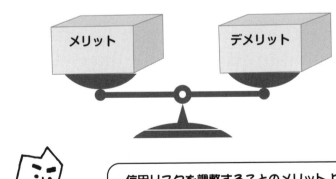

信用リスクを調整することのメリットより
デメリットのほうが大きそうだから，
信用リスクを調整するのはやめておこう。

4-6 設 例①

資産取得時の会計処理

　ここからは具体的な設例を使って，資産の取得時，取得後および除去時についてそれぞれ説明をしていきます。

　まずは右の設例で資産を取得したときの会計処理について考えてみましょう。設例では5年後の設備の除去時に1,000の支出が見積もられていますが，資産除去債務の計上を行う際には，この将来の支出額を現在価値に割り引く必要があります（§4-4）。

　現在価値に割り引く際に使用する割引率は，信用リスクを加味せずに，**無リスクの割利率**によることとされています（§4-5）ので，ここでは1％の割引率を使って，**5年間の割引計算を行う**ことになります。

　割引計算の結果，5年後に発生が見込まれている1,000の支出の現在価値は951となります。よって資産を取得したときの会計処理としては，951の資産除去債務を負債として計上するとともに，設備の取得価額10,000に資産除去債務と同額の951を加算した10,951を有形固定資産として計上します。

🔑 Key Word　無リスクの割引率

　資産除去債務の算定に用いられる無リスクの割引率は，原則として将来キャッシュ・フローが発生するまでの期間に対応した利付国債の流通利回りなどを参考に決定することとされています。

資産を取得したときの会計処理

【前提条件】 ×1年期首に設備を取得し，使用後に設備を除去する法的義
務があるケース
① 設備の取得価額は10,000
② 設備の耐用年数は5年間，5年後の残存価格は0，減価償却方法は
定額法
③ 設備を除去するときの支出は1,000と見積もられている
④ 無リスクの割引率は1％

◇ **資産除去債務として計上される将来キャッシュ・フローの計算**
将来キャッシュ・フローの見積額 ＝ 1,000 ÷ (1.01)^5 ＝ 951

◇ **有形固定資産10,000に将来の支出1,000の現在価値951を加算する**

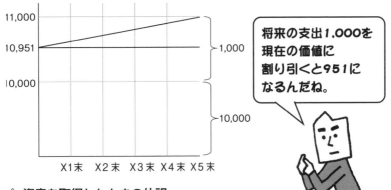

将来の支出1,000を
現在の価値に
割り引くと951に
なるんだね。

◇ **資産を取得したときの仕訳**

（借方）		（貸方）	
有形固定資産	10,951	未払金	10,000
		資産除去債務	951

◇ **資産を取得した直後の貸借対照表**

貸借対照表 ×1年 取得時点

有形固定資産	10,951	未払金	10,000
		資産除去債務	951

4-7 設　例②

資産取得後の会計処理

次に，資産取得後の会計処理を考えてみましょう。

取得後は，資産本体と資産除去債務に対応する除去費用資産の**減価償却費と時の経過による資産除去債務の調整額（利息費用）**を計上することになります。それぞれの計算は以下の方法で行います。

減価償却費（減価償却方法が定額法，残存価額が0の場合）
＝（資産の取得価額＋割引後の資産除去債務の金額）÷ 耐用年数
時の経過による資産除去債務の調整額
＝期首の資産除去債務の帳簿価額 × 無リスクの割引率

右の設例では，資産の取得価額10,000に，割引後の資産除去債務の金額951を加算した10,951を5年で除した2,190が減価償却費として計上されます。また，割引後の資産除去債務の金額951に1%を乗じた9が利息費用として計上され，X1年度の損益計算書においては合計で2,199の費用が計上されます。

X2年度以降においても同様の処理を行うことになりますが，設備を耐用年数である5年間使用した場合には，5年間合計で10,951の減価償却費と49の利息費用が計上されます。

その結果，5年間の費用計上額のトータルとしては，資産の取得価額と設備除去支出の見積もり額の合計である11,000（10,951+49）が総費用として計上されます。

資産を取得した後の会計処理

【前提条件】 ×1年期首に設備を取得し，使用後に設備を除去する法的義
　　　　　務があるケース
① 　設備の取得価額は10,000
② 　設備の耐用年数は5年間，5年後の残存価額は0，減価償却方法は
　　定額法
③ 　設備を除去するときの支出は1,000と見積もられている
④ 　無リスクの割引率は1％

◇ 減価償却費と時の経過による資産除去債務の調整額の計算
　　減価償却費＝（10,000＋951）÷5年＝2,190
　　時の経過による資産除去債務の調整額＝951×1％＝9

◇ 費用配分のイメージ

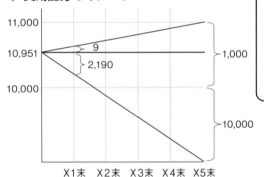

減価償却費2,190と
時の経過による資産
除去債務の調整額9
の合計で2,199が
×1年の費用だね。

◇ 資産取得後（×1年末）の仕訳

（借方）		（貸方）	
減価償却費	2,190	減価償却累計額	2,190
利息費用	9	資産除去債務	9

◇ ×1年末の貸借対照表

貸借対照表　×1年末

有形固定資産	10,951	資産除去債務	960
減価償却累計額	△2,190		

68

4-8　設　例③

資産除去時の会計処理

　最後に資産除去時の処理について考えてみましょう。

　取得時からの5年分を集約した仕訳は右に記載のとおりです。つまり，耐用年数到来時には，資産の取得時において現在価値に割引計算をして計上した951に，その後の利用費用49が計上されることで，当初の見積もりと同額の1,000の資産除去債務が計上されます。

　資産除去債務として計上されている1,000は，資産取得時の見積額ですが，実際の支出額とは，通常は差が出ます。設例では実際の支出額は1,050ですので，当初の見積額1,000と，実際の支出額1,050との差額50については，資産除去時に**費用（履行差額）**として処理することになります。

　実際に資産を除去するときに多額の費用（履行差額）が出ないようにするためにも，資産の取得時においては，たとえば契約で資産除去の方法に関する特別な条件が含まれていないかといった点も含めて，資産の除去に関する支出額について慎重に見積もりを行う必要があります。

 Check!　見積もりの変更

　割引前の将来キャッシュ・フローに重要な見積もりの変更が生じた場合には，見積もりの変更を行う必要があります。法令の改正等により新たに資産除去債務が発生した場合も，見積もりの変更と同様に取り扱うことになります。

資産除去時の会計処理

【前提条件】 ×1年期首に設備を取得し，使用後に設備を除去する法的義務があるケース

① 設備の取得価額は10,000
② 設備の耐用年数は5年間，5年後の残存価格は0，減価償却方法は定額法
③ 設備を除去するときの支出は1,000と見積もられている
④ 無リスクの割引率は1％
⑤ 設備の除去は，耐用年数経過後（5年後）で，実際の支出は1,050

◇ **資産を取得したときの仕訳**

（借方）		（貸方）	
有形固定資産	10,951	未払金	10,000
		資産除去債務	951

◇ **資産取得後（×1年末～×5年末）の仕訳（5年分の合計）**

（借方）		（貸方）	
減価償却費	10,951	減価償却累計額	10,951
利息費用	49	資産除去債務	49

◇ **耐用年数到来時の貸借対照表**

貸借対照表 ×5年末 資産の除去直前

有形固定資産	10,951	資産除去債務	1,000
減価償却累計額	△10,951		

◇ **資産を除去したときの仕訳**

（借方）		（貸方）	
減価償却累計額	10,951	有形固定資産	10,951
資産除去債務	1,000	現金預金	1,050
費用（履行差額）	50		

4-9 注 記

資産除去債務の注記とは

　資産除去債務の会計処理に関連して，重要性が乏しい場合を除いて，割引計算に使用した割引率や支出発生までの見込期間の他に，次の事項を注記することとされています。

- 資産除去債務の内容についての簡潔な説明
- 支出発生までの見込期間，適用した割引率等の前提条件
- 資産除去債務の総額の期中における増減内容
- 資産除去債務の見積もりを変更したときは，その変更の概要および影響額
- 資産除去債務は発生しているが，その債務を合理的に見積もることができないため，貸借対照表に資産除去債務を計上していない場合には，当該資産除去債務の概要，合理的に見積もることができない旨およびその理由

　「資産除去債務の内容についての簡潔な説明」とは，資産除去債務の発生原因となっている法的規制または契約等の概要（法令等の条項および契約条件等）です。多数の有形固定資産について資産除去債務が生じている場合には，有形固定資産の種類や場所等に基づいて注記をまとめて記載することができます。

　また，上記の他に，重要な資産除去債務を計上したときは，キャッシュ・フロー計算書に関する注記において，「重要な非資金取引」として注記を行うこととされています。

資産除去債務の注記

決算書

貸借対照表

資産除去債務 960

決算書の数字を
見るだけでは
具体的な内容が
全然わからないな。

決算書の数字と合わせて注記の記載を見ることで・・・

◇ 資産除去債務関係の注記

1. 資産除去債務の概要
   ××の不動産賃貸契約に伴う原状回復義務等であります。

2. 資産除去債務の金額の算定方法
   使用見込期間を取得から5年と見積もり，割引率は1%を使用して
   資産除去債務の金額を計算しております。

3. 資産除去債務の総額の増減

	X1年
期首残高	0
取得による増加額	951
見積もりの変更による増加額	－
時の経過による調整額	9
資産除去債務の履行による減少額	－
期末残高	960

4. 資産除去債務の金額の見積もりの変更（変更がある場合のみ）
   当期において，・・・に伴い，原状回復費用に関して見積もりの変
   更を行いました。なお，当該見積もりの変更により，当期の利益
   が××円減少しております。

注記内容を見ると資産除去債務の
具体的な内容がよくわかるぞ。

COLUMN

資産除去債務は取得原価主義の例外的な取扱い

　資産の評価方法として「取得原価主義」という考え方があります。取得時の支出を基礎として資産の評価を行う方法です。

　有形固定資産も，取得したときの支出を基礎として，以下のように算定することになっています。

　　取得原価 ＝ 購入価額 ＋ 付随費用 － 値引き等

　ところが資産除去債務会計基準が導入されてからは，資産除去債務に対応する除去費用が取得原価に加えられることとなりました。除去費用は，将来の支出の見積額をベースとして算出されるので，これは，取得原価主義の例外的な取扱いともいえます。

　近年では取得原価主義に対比される概念として「時価主義」という考え方に基づく会計処理が増えてきています。資産除去債務の会計処理は「時価主義」の考え方とは異なりますが，財務諸表利用者に対する有用性を重視して，取得原価主義に対する例外的な取扱いとして取り入れられた会計処理といえます。

§5

退職給付会計と割引計算

　退職給付会計が難しいと感じる人は多いのではないでしょうか。しかし退職給付会計はざっくり言うと「将来いくら支払われるか」と「その現在価値」を計算しているだけなのです。

　§5では，後者，つまり，「遠い将来である退職以後に支払われる現金給付の現在における負担額を正確に計算する」側面にフォーカスし，退職給付会計を考えてみます。

いつもと違った視点から
考えてみよう。

すごろくで理解！
各基準の全体像と割引計算－「退職給付会計」

退職金や年金は,将来支給されるものなので,割引計算が必要です。さらに退職時期や昇給率,年金の運用状況等に仮定をおいて計算をするので複雑です。全体の流れを見てみましょう。

退職給付見込額を算出する

　退職金規程,年金規程から退職給付見込額を算出する。

　退職金や年金は,退職時期（死亡による退職含む）や退職時の給与等で変わるので,退職率,死亡率,昇給率等の計算基礎を求めることが必要となる。

（関連見開き：§5-3）

退職金規程

ここで割引現在価値が登場！

退職給付債務を算定する

　現時点で負担すべき額は,退職給付見込額のうち,すでに発生している額である。ただし,退職給付見込額は将来の価値なので,これを現在価値に置き直す必要がある。

退職給付　　　　すでに発生　　　　退職給付
見込額　　　　している額　　　　債務
（将来の価値）　（将来の価値）　（現在価値）

信用リスクフリーレートで割り引く。マイナス金利の場合は§5-5参照！

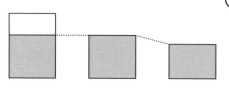

（関連見開き：§5-2,§5-4,§5-5,§5-6）

退職給付費用を算定する

　期首と期末の退職給付債務の増加項目が勤務費用と利息費用，期首と期末の年金資産の増減項目となるのが期待運用収益である。
　勤務費用：労働による退職給付債務の増加
　利息費用：時間経過による退職給付債務の増加
　期待運用収益：期首の年金資産の運用により合理的に見込まれる収益額

（関連見開き：§5-8，§5-9，§5-10）

退職給付引当金を算定する

　退職一時金：退職給付債務の全額を引き当てる
　　　　　　　（厳密には等しくない。§5-7の※参照）
　確定給付企業年金：退職給付引当金＝退職給付債務－年金費用
　　　　　　　　　　（年金資産＞退職給付債務の場合，前払年金費用とする）

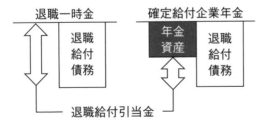

（関連見開き：§5-7）

※§5-1は退職給付会計の考え方，§5-11は注記の説明です。

5-1 退職給付会計とは

従業員の将来の退職に伴う支払に備える

　退職給付会計とは，大きく捉えると従業員の退職以後に支払われる現金給付に関する会計です。退職以後に支払われる現金給付の代表格としては，**退職一時金**と**企業年金**が挙げられます。

　どちらも従業員が企業のために労働を提供したことを根拠とするものです。勤続期間が長いほど，また給与額が高いほど，支払われる現金給付額は多くなります。

　企業年金は，確定給付企業年金と確定拠出企業年金に分かれます。確定給付企業年金は，給付額が確定している年金です。外部積立の運用が失敗した場合は，企業は掛金を増額しなければなりません。確定拠出企業年金は毎期の積立拠出のみに企業が責任を負い，その後一切責任を負わない年金です。

　退職給付会計の対象となるのは，退職一時金と確定給付企業年金です。確定拠出企業年金は，積立時に企業の義務が完結するので，退職給付会計の対象外です。

 Key Word　退職一時金と企業年金

　退職一時金は，いわゆる退職金です。企業が内規に従い内部留保により将来の現金給付に関する原資を確保しているものです。

　一方，企業年金とは，会社外部で積み立てられた原資を用いて，退職以後に一括または定期的に現金給付を行うものです。原資は，給付時まで運用されます。

退職給付会計の対象範囲と企業の責任

退職給付会計の対象	企業年金※	
退職一時金	確定給付企業年金	確定拠出企業年金

対応！

【各時点の企業の負う責任】

■原資の当初外部積立時		
外部積立を行わないため，責任なし	退職時に必要な金額を給付できるように掛金を拠出し，積み立てる責任あり	一定の掛金を外部に拠出し，積み立てる責任あり
■外部積立原資の不足時		
外部積立を行わないため，責任なし	掛金を追加拠出する責任あり	掛金を追加拠出する責任なし
■退職後の現金給付時		
内規に従った金額を給付する責任あり	内規に従った金額を給付する責任あり	何ら責任なし

※企業年金に含まれる項目は上記２つの他にも存在しますが，退職給付会計の
　対象範囲と企業の責任を理解することを主眼とした場合，上記の図表が基本
　となります。

基本的な理解を
進めよう。

5-2 何を割り引くのか？

退職給付見込額のうち，現在までに発生している額を割引計算する

退職給付会計は，2つのステップで**退職給付債務**を算定します。

> 【ステップ1】退職以後の現金給付の総額である退職給付見込額のうち現在まで発生している額を算定。
> 【ステップ2】ステップ1の算定額を割引計算により現在価値にする。

　たとえば，勤続年数25年の従業員Aで考えてみましょう。定年は勤続40年時（これから15年後）で3,000万円の退職一時金が支給されるものとします。

　【ステップ1】では，3,000万円の退職給付見込額のうち，現在までに発生している額を算定します。退職給付見込額が勤続年数に比例して増加すると仮定すると，勤続年数1年あたりの発生額は75万円（＝3,000万円÷40年）となり，入社から現在までに発生している額は，1,875万円（＝75万円×25年）となります。

　この1,875万円の支給は，15年後という遠い将来の額面です。よって現在価値に直す必要があります。そこで割引計算をする必要があるのです。これが【ステップ2】です。

　つまり，割り引く（現在価値に直す）のは，「退職給付見込額のうち，現在までに発生している額」ということです。この算定結果が**退職給付債務**です。複雑そうに見える計算もこのように考えると，シンプルですね。

退職給付会計における割引計算の対象

【前提】
- 勤続年数25年の従業員Ｘは15年後に定年を迎える。その退職一時金は3,000万円と見積もられる。
- 退職給付見込額は勤続年数に比例して発生しているとする。
- 従業員Ｘが定年前に退職したり死亡することはないとする。

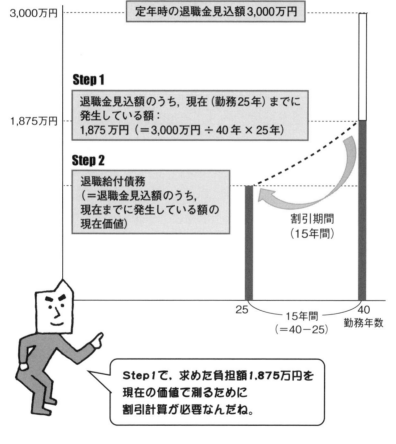

Step2 の結果（退職給付債務の金額）は，§5-6で説明します。

5-3 割引前の債務金額を見積もる

基礎率を加味して退職給付見込額を算定！

では，§5-2のステップ1の退職給付見込額はどのように算定するのでしょうか。

設例では，従業員Aは，100％の確率で定年退職するまで企業で働く前提が置かれています。しかし，現実には定年退職を迎える前に自己都合退職したり，不幸にも死亡退職する可能性もあります。

このような不確定要素があるため，退職給付見込額の見積もりに，退職率や死亡率と呼ばれる**基礎率**を使用します。退職率とは，在籍する従業員が自己都合や定年等により生存退職する年齢ごとの発生率です。死亡率は，従業員の在職中および退職後の年齢ごとの死亡発生率です。

退職以後の現金給付額は，給与水準にも影響されるのが一般的です。そこで，予想昇給率という基礎率も用います。

▼基礎率の算定方法

基礎率	算定方法
退職率	自己都合退職の実績等に基づくことが多い
死亡率	厚生労働省が発表している生命表に基づくことが一般的
予想昇給率	給与規程や平均給与の実態，過去の昇給実績等に基づき算定される

 Key Word 基礎率

退職給付見込額を見積計算するための計算基礎。経済動向に影響する情報や統計的に導き出される確率等がある。

基礎率を用いると退職給付見込額が精緻になる!?

【従業員Aの退職金に関する前提】

- 15年後の定年まで勤続する場合，退職一時金3,000万円が支給される。
- 自己都合および死亡による退職の場合，退職一時金は支給されない。
- 定年前に退職する確率（自己都合退職および死亡退職）：25%
- 定年退職する確率：75%（＝100%－25%）

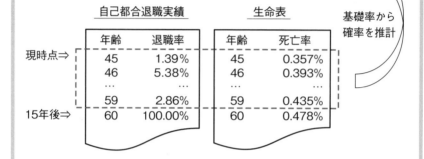

	自己都合退職実績		生命表	
	年齢	退職率	年齢	死亡率
現時点⇒	45	1.39%	45	0.357%
	46	5.38%	46	0.393%
	…	…	…	…
	59	2.86%	59	0.435%
15年後⇒	60	100.00%	60	0.478%

基礎率から確率を推計

【基礎率を加味する場合】

① 定年前に退職する場合の支給額×発生確率：0万円×25%＝0万円
② 定年退職する場合の支給額×発生確率：3,000万円×75%＝2,250万円
③ 退職給付見込額：2,250万円（①＋②）

【基礎率を加味しない場合】
3,000万円（§5-2参照）

基礎率を加味するか否かによる差！

基礎率を加味することにより，
退職給付見込額を
正確に見積もることができそうだね。

5-4 使用する割引率の性質

安全性の高い債券利回りを基礎として割引率を決定！

　期末の退職給付債務を算定する割引率は，期末における**安全性の高い債券の利回りを基礎として決定する**とされています。これは，「退職給付見込額のうち現在までに発生している額」は，死亡率，退職率および予想昇給率等の基礎率を用いて，詳細に見積もりがなされており，あとは純粋に時の経過による時間価値だけを調整すればよいためです。なお上記の趣旨から，企業固有のリスクも排除する必要があるのです。

　安全性が高いとは，債券の発行元の財政状態の悪化等により支払不能になる可能性が低いことを表しています。このような安全性の高い債券の利回りは，信用リスクフリーレートに限りなく近いと考えられます。

　債券の利回りは償還期間までの残存期間により変わります。よって，「参照する債券の償還までの残存期間」と，「退職以後に支払われる現金給付ごとの支払見込期間」が概ね一致していることが必要です。たとえば退職一時金の支給が15年後なら，参照すべき債券の残存期間は15年です。

　実際には，支払見込期間が異なる複数の従業員が存在します。このため，たとえば以下の2つの方法で割引率を設定します。

> ① 支払見込期間の加重平均値を算定し，債券の残存期間と概ね一致した単一の利回りから単一の割引率を設定する方法（＊）
>
> ② 複数存在する支払見込期間それぞれと債券の残存期間とが概ね一致した複数の利回りから複数の割引率を設定する方法

（＊）支払見込期間の加重平均値を算定するには，各従業員の退職給付見込額のうち当期までに発生している額を用いて重みづけすることが考えられます。

割引率の設定方法は2通りある

【前提】

甲社には，支払見込期間が異なる従業員が3名いる。この場合，割引率の設定はどうするか。なお，各従業員の退職給付見込額のうち現在までに発生している額は同額（＝1）とする。

従業員	支払見込期間	債券の償還までの残存期間	利回り
従業員X	5年後	5年 国債	0.2%
従業員Y	10年後	10年 国債	0.5%
従業員Z	15年後	15年 国債	1.0%

【方法①】 単一の割引率を設定する方法

支払見込期間の加重平均をとり（上記の場合，10年（＝5年×1/3＋10年×1/3＋15年×1/3)，これに対応する国債の利回りを割引率とする（従業員X，Y，Zは共通の割引率0.5%が設定される）。

【方法②】 複数の割引率を設定する方法

従業員X，Y，Zはそれぞれ0.2%，0.5%，1.0%を参照し割引率を決定。社内で複数の割引率が設定されることとなる。

どちらも取りえるんだね！

5-5 マイナス金利の場合の割引率

マイナス金利をそのまま割引率として使用可能なのか!?

　退職給付の割引率は，国債等の安全性の高い債券の利回りを基礎として企業が自ら設定します。2016年1月29日の日本銀行による「マイナス金利付き量的・質的金融緩和」の導入決定を受けて，国債の利回りがマイナスとなる状況が発生しました。割引現在価値の数式でその影響を確認してみましょう。

$$割引現在価値 = \frac{将来の価値}{(1+r)^n} \qquad r：割引率，n：期間$$

　割引率がマイナスの場合，「$(1+r)^n < 1$」となるため，割引現在価値＞将来の価値という結果になります。これまでの常識にない事態が発生したわけです。

　そこで，マイナス金利の場合の割引率としては，**利回りの下限としてゼロを利用する方法**と**マイナスの利回りをそのまま利用する方法**のいずれかの方法を採用できるとされました。これは，マイナス金利の取扱いに関して，国際的に統一的な見解が定まっていないことによります。

 Check!　2つの割引率の考え方

　「利回りの下限としてゼロを利用する方法」では，貨幣の時間価値は時の経過に応じて減少することはないと考えます。そこで利回りの下限値であるゼロを使用し，現在の価値＝将来の価値とします。
　一方，「マイナスの利回りをそのまま利用する方法」では，利回りがマイナスになるのは，貨幣の時間価値に関して，将来の価値が現在の価値よりも低くなると金融市場が評価しているからと考えます。このため，実態をそのまま受け入れることになります。

採用した割引率による財務諸表の見え方のちがい

【前提】
- 従業員 B は，20 年後の定年時に，退職一時金 3,000 万円が支給される見込みである。
- 簡便化のため，従業員 B の定年前に退職する確率はゼロとする。
- 現在，20 年物の国債利回りが▲1.0%の下で，以下の2つの割引率が採用可能である。
  ① 利回りの下限としてゼロを利用
  ② マイナスの利回りをそのまま利用

【結果】
① 利回りの下限としてゼロを利用　　　② マイナス利回りをそのまま利用
　　割引率＝0%で計算　　　　　　　　　　割引率＝▲1.0%で計算

採用した割引率により，退職給付債務に 668 万円
（＝3,668 万円－3,000万円）の差が生じる。

退職給付債務の差は
退職給付費用の差となる。
②の場合は①の場合より
668万円退職給付費用の
負担が重くなるんだね！

5-6 割引率が変わった場合

割引率は毎期一定ではなく，見直しが必要！

これまでの説明を踏まえて，§5-2を振り返ってみましょう。

退職給付見込額のうち現在まで発生している額は，1,875万円（＝75万円×25年）となります（§5-2参照）。

割引率として，15年物の国債利回り1.0%を参照すると，退職給付債務の金額は，1,615万円になります。これら1,875万円と1,615万円の差である260万円が割引計算の効果です。

$$\frac{1,875万円}{(1 + 0.01)^{15}} = 1,615万円$$

このようにして退職給付債務の金額が算定できますが，割引率は期末時点のものを使用するのが原則であり，毎期一定ではないことに注意が必要です。すなわち，割引率の基礎である債券の利回りは日々変動しており，割引率は前期末と当期末とで差が生じることが通常なのです。

しかし，毎期末時点の割引率を必ず使用するならば，毎期退職給付債務の再計算が必要であり，実務負担が増大してしまいます。このため，退職給付債務の金額が±10%以上変動しないと推定される場合，割引率を見直さないことができるものと会計基準上規定されています。

設例の場合，算定した退職給付債務1,615万円から±161.5万円（＝1,615万円×（±10%））以上変動しないと推定されるならば，つまり1,776.5万円～1,453.5万円の範囲で退職給付債務の変動が推定されるならば見直さないことができます。

割引率の基礎の割合が変動した場合の退職給付債務

【前提】

- 勤務年数，定年のタイミング，退職一時金の金額，退職給付見込額の発生状況，退職率については §5-2 と同じ。
- 割引率は支払見込期間と債券の残存期間が概ね一致する国債利回りを採用している。
- 前期末に採用した割引率：1.0%
- 当期末の支払見込期間に対応する国債利回りが以下の場合，退職給付債務はいくらか。
  ① 1.0%（前期と同じ）　② 1.5%　③ 2.0%
- 退職給付債務額が ±10%変動しないと推定される場合，割引率の見直しは不要と判断する。

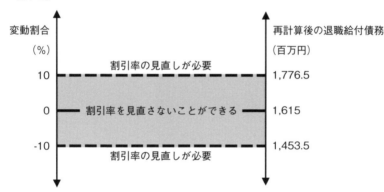

【回答】

①：割引率は前期と同じ　$\boxed{1,615万円} = \dfrac{1,875万円}{(1+0.01)^{15}}$

②③：割引率は前期から変動している

⇒ 変動前割引率（1.0%）での割引現在価値（① = 1,615万円）から ±10%以上変動があるか確認

	割引率	割引現在価値（※3）	①からの変動率	割引率変更の要否	退職給付債務
②	1.5%	$\dfrac{1,875万円}{(1+0.015)^{15}} = 1,500$ 万円	7%<10% （※1）	不要	1,615万円
③	2.0%	$\dfrac{1,875万円}{(1+0.02)^{15}} = 1,393$ 万円	13%>10% （※2）	必要	1,393万円

（※1）$7\% = \dfrac{1,615万円 - 1,500万円}{1,615万円}$　（※2）$13\% = \dfrac{1,615万円 - 1,393万円}{1,615万円}$

（※3）　実務上は，割引率の見直しを行う場合のみ期末の利回りを用いた割引計算を行いますが，本書では割引率の見直しを理解するためにその要否に関係なく計算しています。

5-7 退職給付引当金と退職給付債務の関係

一時金の場合，企業年金の場合

退職給付債務は，「退職給付見込額のうち，現在までに発生している額」です（§5-2）。そうであればこれを引当金として計上すればよいのでしょうか。

答えは「場合による」です。§5-1のKey Wordを見てみましょう。

退職一時金は，企業が内規に従い**内部留保**により将来の現金給付に関する原資を確保しているものです。

一方，企業年金とは，**会社外部で積み立てられた原資**を用いて，現金給付を行うものです。

退職一時金の原資は，会社の内部留保のみです。したがって退職給付引当金は退職給付債務と等しくなります（右図※参照）。

確定給付企業年金の原資は，会社外部で積み立てられた年金資産です。もちろん，退職給付債務と年金資産はぴったり一致するわけではありません。よって，「年金資産＜退職給付債務」の場合は，積立不足額を退職給付引当金に計上します。逆に，「年金資産＞退職給付債務」の場合は，積立過剰額を前払年金費用として計上します。

 Check! 個別と連結では科目が変わる!?

現在，連結財務諸表では，「退職給付引当金」「前払年金費用」という科目は使っていません。それぞれ「退職給付に係る負債」「退職給付に係る資産」という科目が使われています。単に名前が変わるだけでなく，未認識数理計算上の差異等の組替もされます。

退職給付引当金の計上額は？

退職給付債務は，退職給付見込額のうち，現在までに発生している額。
しかし，これをそのまま引当金として計上すればよいわけではない。

【退職一時金】：原資は会社内のみ，外部に積立なし。

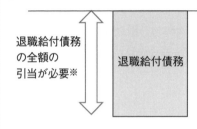

退職給付債務
の全額の
引当が必要※

退職給付債務

> ※厳密には，退職給付債務≠引当金です。ずれの正体は，実際の退職率と予想退職率との差異等です。本書では，退職給付会計の基本をわかりやすく伝えることを主眼としており，このような実際と予想との乖離等から生じた未認識部分は存在しない前提で説明しています。

【確定給付企業年金】：原資は会社外部に積み立てられる。

年金資産＜退職給付債務の場合

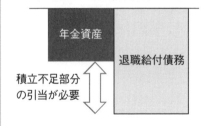

年金資産

退職給付債務

積立不足部分
の引当が必要

年金資産＞退職給付債務の場合

年金資産

退職給付債務

積立過大部分は
前払年金費用とする

> 退職給付引当金の算定には，年金資産の有無やその金額が影響するんだね。

5-8 退職給付費用の内訳

退職給付債務の変動額－年金資産の運用収益＝退職給付費用

　退職給付費用とは，退職給付に関する費用として計上されるものをいいます。その主な内訳として，勤務費用，利息費用，期待運用収益があります。

　勤務費用とは，退職給付見込額のうち，当期の労働により発生額と認められる部分を割引計算し，現在価値として算定された額です。利息費用は時の経過により退職給付債務が増加したものです（詳細は§5-10）。勤務費用も利息費用も，退職給付債務の増加項目です。

　一方，期待運用収益（詳細は§5-9）は当期首の年金資産の運用により合理的に見込まれる収益額です。収益であることからマイナスの退職給付費用として取り扱われます。外部に年金資産がない退職一時金の場合は，ありません。

　これらから構成される退職給付費用は下記のように表されます。

退職給付費用 ＝ 勤務費用 ＋ 利息費用 － 期待運用収益

　なお厳密には，このほかに過去勤務費用に係る当期の費用処理額，数理計算上の差異に係る当期の費用処理額も退職給付費用に含まれます。本書では，退職給付会計の基本をわかりやすく伝えることを主眼としており，このような退職金規程等の改定，基礎率の見積もりと実績との乖離等から生じた未認識部分に関係する項目は存在しない前提で説明しています。

退職給付費用と期首期末のB/Sの増減

勤務費用，利息費用，期待運用収益はそれぞれ異なる性質を持つが，期首・期末の貸借対照表の増減項目という点では同じである。

【勤務費用・利息費用】
期首から期末の退職給付債務の増加項目を構成する。

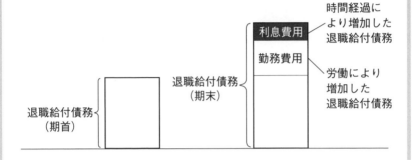

【期待運用収益】 期首から期末の年金資産の増減項目を構成する。

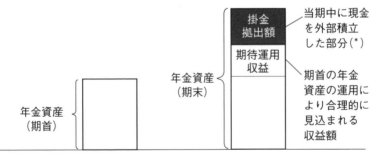

掛金拠出額（*）は，年金資産の増加項目になるが，退職給付費用にはならない。
拠出時に退職給付引当金を取り崩すが，年金資産が同額増加するからだよ。

5-9 年金資産の運用成果を見積もる

長期期待運用収益率を用いて年金資産の運用収益を予測！

　年金資産とは，退職以後に支払われる現金給付に充てるため，保険会社や信託銀行等の外部に積み立てられた資産で，株式，債券等の商品で運用されます。

　運用により年金資産が変動すると，退職給付引当金の額が変わってきます。そこで**期待運用収益**を見積もる必要があります。これに使うのが，**長期期待運用収益率**という基礎率です。

期待運用収益 ＝ 期首の年金資産の時価 × 長期期待運用収益率

　金融商品の組み合わせであるポートフォリオが株式と債券から構成されている場合，株式の構成割合が大きいほど，利回りのボラティリティ（変動可能性）が高く，長期期待運用収益率も高くなる傾向があります。

 Key Word　長期期待運用収益率

　企業が外部に保有している年金資産のポートフォリオ，過去の運用実績，当期以降の運用方針および市場の動向等を考慮して設定されている収益率。長期的な視点からの運用を意識し，過去の運用実績は複数年度の運用実績の平均を採用することが一例として考えられます。

企業の運用方針と長期期待運用収益率

年金資産の運用方針により，長期期待運用収益率は異なる。

→ ：長期期待運用収益率
┅┅► ：ポートフォリオの実際利回り

【運用方針】

構成割合： 株式＞債券

（株式主体のポートフォリオ）

一般的に実際利回りが比較的大きく変動することが見込まれる。

グラフの実際利回りを前提とする場合，長期期待運用収益率は比較的高くなる。

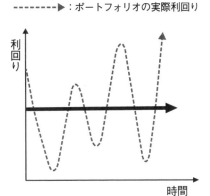

【運用方針】

構成割合： 株式＜債券

（債券主体のポートフォリオ）

一般的に実際利回りが比較的小さく変動することが見込まれる。

グラフの実際利回りを前提とする場合，長期期待運用収益率は比較的低くなる。

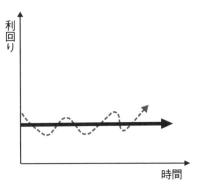

長期期待運用収益率が高いほうがよさそうだけど，変動可能性があるってことはリスクが高そう。

5-10 割引計算と利息費用

割引計算と利息費用の算定は表裏一体

　退職給付会計で割引計算がなされるのは，2つの局面があります。1つはこれまでにも説明をしてきた退職給付債務算定の局面，もう1つが，**利息費用**算定の局面です。

　利息費用は，下記のように算定されます。

　利息費用 ＝ 期首の退職給付債務 × 割引率

　期末の退職給付債務 ＝ 期首の退職給付債務 ×（1＋割引率）

　「退職給付債務算定」と「利息費用の算定」は，表裏一体の関係にあります。将来から現在の価値にする場合は（1＋割引率）で割り，過去から現在の価値にする場合は（1＋割引率）を掛けることがわかるでしょう。

	時間の流れ	計算方法
退職給付債務の算定	将来から現在に巻き戻す	「退職給付見込額のうち，現在までに発生している額」を（1＋割引率）^{n}で割る。
利息費用の算定	将来への時の経過	期首の退職給付債務に割引率を掛ける。

注：n＝割り戻す期間

 Key Word　利息費用

　時の経過による期首の退職給付債務の増加部分。純粋に貨幣の時間的価値のみに由来する変動部分であり，当期の労務提供とは関係ありません。

割引計算と利息費用の計算の関係は？

【前提】
• 2年後の定年を迎えた際に，退職一時金 3,000 万円が支給される。
• 割引率：3％
• 勤務費用は考慮外（ゼロ）とする。

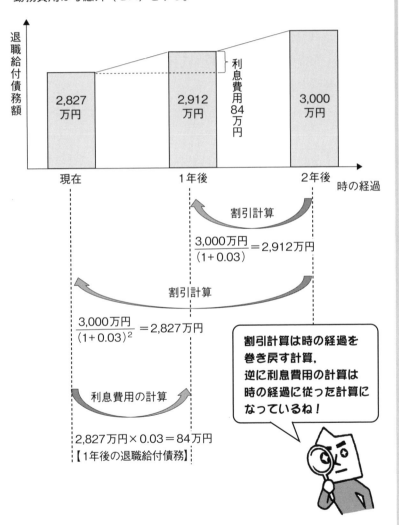

割引計算は時の経過を
巻き戻す計算，
逆に利息費用の計算は
時の経過に従った計算に
なっているね！

5-11 退職給付会計の注記

採用している割引率が開示される！

　退職給付会計では，算定方法だけでなく，開示する注記事項も定められています。割引率も注記が必要とされる事項の一つで，**主要な数理計算上の計算基礎**として記載されます。

　割引率は，概ね次のいずれかの記載方針で注記されています。

> **【記載方針】**
> ①　（加重）平均値として算定された単一の割引率を表示する
> ②　採用している複数の割引率を〇%〜□%といった範囲で表示する

　支払見込期間が異なる複数の従業員が存在する場合，2つの割引率設定方法が認められています（§5-4）が，どちらの方法であっても注記可能となっているものと考えられます。

　2022年3月期において，上場会社の約7割が①の方針にて割引率を表示しており，約2割が②の方針にて割引率を表示しているようです。

　なお，連結財務諸表作成会社であれば，子会社が割引率の異なる固有の退職給付制度を採用していることがあります。たとえば在外子会社の採用する割引率が相対的に高い場合，単純に①および②の方針で表示すると，誤解を招く可能性があります。この点を考慮し，割引率を国内と海外で区分して表示している会社もあるようです。

退職給付会計の割引率に関する注記事項

① （加重）平均値として算定された単一の割引率を表示する場合

（退職給付関係）

主要な数理計算上の計算基礎（加重平均で表わしております。）

	当連結会計年度
割引率	0.63 %

② 採用している複数の割引率を○%〜□%といった範囲で表示する場合

（退職給付関係）

主要な数理計算上の計算基礎

	当連結会計年度
割引率	0.25%〜0.95%

採用する【記載方針】により、注記が異なってくるんだね。

年金資産のポートフォリオに最適解はあるか？

　近年，企業版DC（確定拠出型企業年金）や iDeCo（個人型確定拠出年金）が普及してきました。運用方法を個人自ら検討する機会が増えてきているのではないでしょうか。

　元本が保証されるもの（保険や定期預金）もあれば，保証されないもの（投資信託等）もあります。投資信託にもさまざまな商品があり，リスクの受入許容程度によって，国内株式，海外株式，国内債券および海外債券の中で金融資産のポートフォリオを検討し，商品を選べます。

　一般的に，株式は経済動向の影響に敏感で，中央銀行の政策金利に影響を受ける債券と比較して価格変動リスクがあると考えられています。また，海外市場の商品への投資は，為替相場変動や経済混乱等により，一般的に価格変動リスクが高いものと考えられています。

　短期的に資金を増やす投資ではない年金資産の運用は，超長期間の中で着実な運用を目指し，どんな経済的混乱があろうとも複数の運用期間を考えればプラスになるポートフォリオが目標になります。残念ながら，確実に運用成果がプラスになるポートフォリオは発見されていません。

GPIF の基本ポートフォリオ

公的年金を運用する年金積立金管理運用独立行政法人（GPIF）では，危険資産である右の４つを25％ずつ保有するという方針だそうです。2001年度からの累積で年率3.56％（2022年６月末）で運用されています。

§6

リース会計と割引計算

　一定の条件を満たしたリース取引は，売買取引に準じて会計処理されますが，この過程で割引計算が行われます。どのように使われるのか見てみましょう。

リース会計にも時間価値の
考え方が必要になるんだね。

すごろくで理解！
各基準の全体像と割引計算－「リース会計」

START

リース取引では，まずその取引がどういう属性を持つかを見極めることになります。リース資産を計上するのがどういう場合で，うち，割引計算が必要となる局面がどういう場合かを見てみましょう。

ファイナンス・リースかオペレーティング・リースかの判定をする

リース取引は，ものを借りる取引だが，そのなかでも「実質的に買ったような」ファイナンス・リース取引とそれ以外のオペレーティング・リース取引がある。

それぞれの実態に合わせ，会計処理をするため，いずれかを判定する。

（関連見開き：§6-1，§6-2）

所有権移転の判定をする

ファイナンス・リース取引は，さらに所有権移転ファイナンス・リース（物件の所有権が借手に移転する契約）と所有権移転外ファイナンス・リースに分かれる。これにより取扱いが異なるので，いずれかを判定する。

（関連見開き：§6-3）

i 所有権移転条項
ii 割安購入選択権
iii 特別仕様
のいずれかなら
所有権移転だ！

GOAL

賃貸借処理をする

※§6-6・6-7はリースに関する会計基準の公開草案の説明です。

リース資産の計上額を把握する

貸手の購入価額がわかるか否か，所有権移転か移転外かで，資産計上額は変わる。

	所有権移転	所有権移転外
貸手の購入価額が わかる	貸手の購入価額	いずれか低い額 A 貸手の購入価額 B リース料総額の 　現在価値
貸手の購入価額が わからない	いずれか低い額 A 見積現金購入価額 B リース料総額の 　現在価値	

（関連見開き：§6-3）

ここで割引現在価値が登場！

リース料総額の現在価値の算定

適用する利率は，
貸手の計算利子率を
知りうるか否かで変わるのさ。

（関連見開き：§6-4）

契約締結時・リース料支払時・年々の会計処理

- 契約締結時：リース資産・リース債務を計上する
- リース料支払時：支払利息を計上し，リース債務を取崩す
- 年々（もしくは月々）：減価償却費を計上する

（関連見開き：§6-5）

6-1 リース会計とは

借りた物を買ったかのように処理する会計

リース取引には，「**オペレーティング・リース取引**」と「**ファイナンス・リース取引**」とがあり，会計処理が異なります。

オペレーティング・リース取引	リース料を費用として処理する（賃貸借処理）
ファイナンス・リース取引	借入れを行い，固定資産を購入したかのように処理する（売買処理）

§6で紹介するのは，このうちファイナンス・リース取引の借手側の処理です。これは「**フルペイアウト**」と「**ノンキャンセラブル**」の2つの要件を満たす取引です。

フルペイアウトとは，借りた資産をほとんど自分で使い切ることです（§6-2）。たとえば車両を数日借りるだけでは自分で使い切ったことにはなりません。一方，耐用年数が4年の車両を耐用年数とほぼ同じ期間，対価相当で借りる場合は，自分で使い切ったと言えるでしょう。

ノンキャンセラブルとは，途中で解約できないことです。たとえば車両を4年間借りる契約を締結しても，ペナルティなしでいつでも解約できるのであれば，ノンキャンセラブルとは言えません。

このような性質を持つファイナンス・リース取引は，経済的実態が，借りたお金で買った場合と似ています。このためファイナンス・リース取引は，あたかも「借入れをし，固定資産を買い，それを分割返済している」かのような会計処理をすることが求められます。

同じ「借りる」でも，異なる会計処理

車を借りるといった場合でも，条件により，オペレーティング・リースとするか，ファイナンス・リースとするか変わってくる。

【ケース1】

遠方の取引先に行くのに，レンタカーを1日借りました！

請求書

1日 7,150円

EYレンタカー

これはフルペイアウトには該当しない。

フルペイアウトでない ➡ ファイナンス・リースの要件を満たさない ➡ オペレーティング・リースとして会計処理する（賃貸借処理）

【ケース2】

契約書

営業車として4年間リース。中途解約不可

支払総額は買うのと同じくらい。耐用年数とリース期間も同じだから，買ったようなものね。

これは　フルペイアウト，かつ，ノンキャンセラブルだね。

フルペイアウト，かつ，ノンキャンセラブル ➡ ファイナンス・リースの要件を満たす ➡ ファイナンス・リースとして会計処理する（売買処理）

6-2 「ほとんど自分で使い切る」とは

対価のほとんどを支払うか，ほとんどの期間を使うか

リース取引がフルペイアウトか否かは，①リース料総額で判断する基準と，②リース期間で判断する基準があり，いずれか一方を満たした場合，フルペイアウトのリース取引とされます。

---

① リース料総額で判断する基準 **（現在価値基準）**

解約不能リース期間中の支払　≧　物件を現金で購入した場合の金
リース料総額の**現在価値**　　　　額**（見積現金購入価額）**×90％

② リース期間で判断する基準 **（経済的耐用年数基準）**

解約不能リース期間　　　　　≧　物件の使用可能期間×75％

---

①で，見積現金購入価額との比較が「リース料総額」ではなく，「リース料総額の現在価値」となっている理由を考えてみましょう。

借手は対価を現金で支払わず，リース会社に分割して支払っている状況です。これは，物件取得のために金融機関から借入れをしている経済的実態と近い状況です。借入れには金利が必須であることからすると，リース料には金利が含まれていることがわかります。

「ほとんど自分で使い切る」か否かの判断には，見積現金購入価額と同じベース，すなわち，「金利を含まないリース料総額」で比較することが適当です。「金利を含まないリース料総額」とは，「リース料総額の現在価値」ですね。よって，見積現金購入価額の比較対象が「リース料総額の現在価値」となっているのです。

リース料には金利が含まれている

リース料総額で判断する基準は，ざっくりいうと，「対価と同じぐらい支払った」か否かを判断するということ。利息は資金を融通してもらったことに対する対価なので，この判断から除く必要がある。

【①リース料総額で判断する基準】で比べるもの

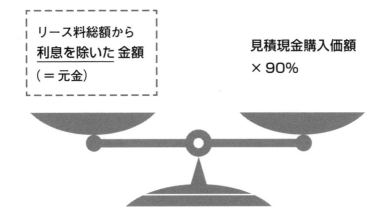

リース料総額から
利息を除いた 金額
（＝元金）

見積現金購入価額
×90％

そこで，元金を算定することが必要になるが……

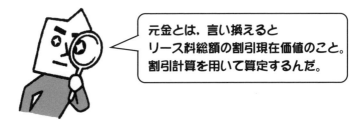

元金とは，言い換えると
リース料総額の割引現在価値のこと。
割引計算を用いて算定するんだ。

6-3 リース資産・リース債務の計上額

リース資産の計上時にも現在価値が登場

　銀行から借入れをして物件を買う場合，物件の購入価額と，借入額を資産および負債に計上します。ファイナンス・リースの場合はどうでしょうか。通常わかるのは，月々のリース料と支払回数です。購入価額や借入相当額が必ずしもわかるわけではありません。

　そこで，ファイナンス・リースの場合の資産計上額は，貸手の購入価額がわかるか否かで，場合分けされています。

　また，所有権が移転するか否かで，「所有権移転ファイナンス・リース（物件の所有権が借手に移転する契約）」と「所有権移転外ファイナンス・リース」に分かれます。この所有権の違いによっても，下記のように取扱いが異なります。

	所有権移転 ファイナンス・リース	所有権移転外 ファイナンス・リース
貸手の購入価額が わかる場合	貸手の購入価額	いずれか低い額 ① 貸手の購入価額 ② リース料総額の現在価値
貸手の購入価額が わからない場合	いずれか低い額 ① 見積現金購入価額 ② リース料総額の現在価値	

　リース債務の当初計上額は，原則，リース資産と同額になります。

リース資産・リース債務の計上額

■貸手の購入価額がわかる場合

貸手の購入価額
　：¥2,500,000
リース料総額の割引現在価値
　：¥2,300,000

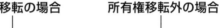

所有権移転の場合　　　　**所有権移転外の場合**

最終的には
当社のもの！
貸手の
購入価額で
計上しよう！

このケースでは,
リース料総額の
現在価値のほう
が低い。
だからこっちの
額で計上。

（借方）リース資産　2,500,000
／（貸方）リース債務　2,500,000

（借方）リース資産　2,300,000
／（貸方）リース債務　2,300,000

■貸手の購入価額がわからない場合

貸手の購入価額：？？？
リース料総額の現在価値
　：¥2,300,000
借手の見積現金購入価額
　：¥2,400,000

（借方）リース資産　2,300,000
／（貸方）リース債務　2,300,000

見積現金購入価額とリース料総額の現在価値の
いずれか低い額で計上するんだね。

6-4 適用される割引率とは

使用する割引率は借入金の利子率と同義

　リース資産の計上額に「リース料総額の現在価値」が使われる場合があります（§6-3）。具体的にどのように算定するのでしょうか。

　リース料総額の現在価値の算定には，①リース料，②リース期間，③割引率の3点の情報が必要です。このうち，①リース料と②リース期間は契約書から容易に把握することができます。では，③割引率は何を使用すればよいのでしょうか。

　ファイナンス・リース取引は，物件取得のために借入れをしている経済的実態と近い状況でしたね（§6-1）。リースの場合，リース会社から借入れをしているようなものですが，この場合の利子率には，時間の価値だけでなく，借手のリスクプレミアムが加味されています（同じ資産でもリスクが高い会社ほど，リース料総額が高い）。だとするとリース会社からの利子率が割引率として使えそうですね。

　リース取引に関する会計基準の適用指針では，①**貸手の計算利子率**を知りうる場合はその利率，②知りえない場合は**借手の追加借入に適用されると合理的に見積もられる利率**と規定しています。

　②については合理的な見積もりが必要となりますが，この指針では具体例として，リース期間と同一の期間におけるスワップレートに借手の信用スプレッドを加味した利率や，リース期間と同一の借入期間における新規長期借入金等の利率の適用が挙げられています。

割引率の見積もり

貸手の計算利子率がわからない場合は，割引率を見積もらなければならない。適用指針では，具体例として以下の方法が挙げられている。

(1)　リース期間と同一の期間におけるスワップレートに借手の信用スプレッドを加味した利率

(2)　新規長期借入金等の利率
　①　契約時点の利率
　②　契約が行われた月の月初または月末の利率
　③　契約が行われた月の平均利率
　④　契約が行われた半期の平均利率

なお，(2)の場合には，リース期間と同一の期間の借入れを行う場合に適用される利率を用いる。

【設例】　(1)を用いて利率を見積もる場合
　　X1年X月（リース取引開始月）における4年の
　　東京円スワップレート：0.04％
　　借手の信用スプレッド：2.06％
→0.04％＋2.06％＝2.1％

新規借入れをしていない場合も，
(1)の方法を使えば，
見積もることができるぞ！

6-5 ファイナンス・リースの会計処理

契約締結時とリース料支払時の仕訳は？

　ファイナンス・リースは，契約締結時，リース料支払時，減価償却計上時に会計処理を行う必要があります。

　契約締結時にはまずリース資産とリース債務を計上します。たとえば下記のような仕訳です（金額の見積方法については§6-3，6-4参照）。

（借方）リース資産　2,300,000	（貸方）リース債務　2,300,000

　次がリース料支払時です。リース料には，元本（リース債務）のほかに利息相当額が含まれています（§6-2）。そこで，利息相当額を支払利息として計上し，残額の元本返済額をリース債務の減少として処理します（右ページ参照）。

　月次で処理する場合，支払利息は直前月のリース債務残高に月利を掛けて算定することになります。これは「**利息法**」による会計処理です。

　リース資産については，固定資産と同様，減価償却を実施します。右の事例の場合，1ヶ月分の仕訳は下記のようになります。

（借方）減価償却費　47,917	（貸方）減価償却累計額　47,917

※47,917 ＝ 2,300,000 ÷（12ヶ月×4年）（定額法の場合）

Check!　利息法でない会計処理とは？

　利息法が原則ですが，簡便的な処理も認められています。所有権移転外ファイナンス・リースで，リース資産総額に重要性がない場合に限定されますが，利息相当額をリース料総額から控除しない方法（利子込法）や，利息相当額を定額で配分する方法（定額法）です。

リース料支払時の会計処理

【前提】
① 所有権移転外ファイナンス・リース
③ リース期間：4年（48ヶ月）
④ リース資産（債務）計上額：2,300,000円
⑤ リース料：月額50,000円（月末支払）
⑥ 適用割引率：年 2.1008%

〈利息法による支払利息と元本返済額〉

回数	返済日	前月末元本	リース料	支払利息	元本返済	債務残高
1	X1.4.30.	2,300,000	50,000	4,026	45,974	2,254,026
2	X1.5.31.	2,254,026	50,000	3,946	46,054	2,207,972
3	X1.6.30.	2,207,972	50,000	3,865	46,135	2,161,837
⋮		⋮	⋮	⋮	⋮	⋮
47	X5.2.29.	99,738	50,000	175	49,825	49,913
48	X5.3.31.	49,913	50,000	87	49,913	0
合計			－	2,400,000	100,000	2,300,000	－

○支払利息＝前月末元本×2.1008%×1ヶ月/12ヶ月
○元本返済＝リース料－支払利息

X1.4.30.（第1回支払時）

（借方）支払利息（＊1）	4,026	（貸方）現預金	50,000
（借方）リース債務（＊2）	45,974		

（＊1）（＊2）上表より

リース料を支払うたびに，
支払利息を計上して
リース債務を減らせばいいのか！

6−6 「リースに関する会計基準（案）」の公表

借手は原則としてすべてのリースの資産及び負債を計上

　企業会計基準委員会（ASBJ）は，2023年5月2日に，「リースに関する会計基準（案）」等を公表しました。本公開草案では，国際的な会計基準に合わせて，借手においてリースがファイナンス・リースであるかオペレーティング・リースであるかにかかわらず，原則としてすべてのリース取引の資産及び負債を計上することとされています。

　これまでオフバランスとされていたオペレーティング・リース取引についてオンバランスされることになる結果，貸借対照表においては資産及び負債が増加することにより，自己資本比率，ROAなどの財務指標に影響が出る可能性があります。

　また損益計算書においても，これまでは支払リース料として営業費用とされてきたものの一部が営業外費用として支払利息に計上されることになります。この結果，費用総額は変わらないにもかかわらず，一般的に営業利益は増加することになります。

　2023年8月までに本公開草案へのコメントが募集され，その後に最終化に向けた審議が再開され，仮に2024年3月末までに会計基準が最終化された場合には，2026年4月1日以後開始する事業年度の期首から原則適用されることが考えられます。

　この場合，2024年4月1日以後開始する事業年度の期首から早期適用が可能と考えられます。

「リースに関する会計基準(案)」適用による借手の主な影響

貸借対照表への影響のイメージ

【現行リース基準】　　　　　　【新リース基準】

| 使用権資産 | リース負債 |

| 資産 | 負債 |
| | 純資産 |

▶

| 資産 | 負債 |
| | 純資産 |

資産・負債の増加により,
各種財務指標(自己資本比率, ROAなど)に
影響が出る可能性があるね!

損益計算書への影響のイメージ

【現行リース基準】　　　　　　【新リース基準】

| 定額の費用計上 |

| 一部利息として
計上される。 |

| 支払リース料　XXX
(営業費用) |

▶

| 減価償却費　XXX
(営業費用) |
| 支払利息　XXX
(営業外費用) |

費用計上の総額は変わらないが,
営業利益は増えるように見えてしまうね!

6-7 「リースに関する会計基準（案）」の主な影響

リース期間と契約期間は異なる場合があることに注意！

　借手がリース資産を計上するには§6-4で見てきたように，リース料総額の現在価値を算定することになり，①リース料，②リース期間，③割引率の3点の情報が必要になりますが，「リースに関する会計基準（案）」では主に以下のように記載されています。

　まず，②リース期間については，借手は単に契約期間とするのではなく，延長することが合理的に確実である場合の対象期間や，解約しないことが合理的に確実である場合の対象期間を加味することとされています。

　たとえば，以下のケースを想定します（右図参照）。

- 契約期間が1年6ヶ月（解約不能期間は1年）
- 解約オプションあり（ただし当初1年は行使不可）
- 延長オプションあり（延長期間は1年）

　上記の延長オプションの行使が合理的に確実である場合には，解約オプションの行使がされないことも合理的に確実と判断されます。この結果，右図のようにリース期間は2年6ヶ月となります。

　また，③割引率は，貸手の計算利子率を知り得る場合は当該利率，知り得ない場合は借手の追加借入に適用されると合理的に見積もられる利率とされています。

　まだ公開草案の段階であり会計基準として確定はしていないものの，現行基準からは複数の変更点が想定されるため，特に借手としてのリース取引が多い企業では慎重な検討が求められることになります。

リース期間は契約期間とは限らない！

（設例）

　契約期間は1年6ヶ月，ただし借手は1年経つと解約可能であり（解約オプション），また契約終了後は借手は1年延長できる（延長オプション）こととします。

　この場合，会社は途中解約をせず，また契約終了後も1年間の契約延長することが，合理的に確実と判断できるならば，リース期間は2年6ヶ月となり，契約期間とは異なることになります。

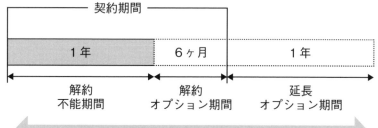

	契約期間	
1年	6ヶ月	1年
解約 不能期間	解約 オプション期間	延長 オプション期間

リース期間は2年6ヶ月と判定される！

「合理的に確実」の判断時の考慮例

・延長または解約オプションの対象期間に係る契約条件（リース料, 違約金, 残価保証, 購入オプションなど）
・大幅な賃借設備の改良の有無
・リースの解約に関連して生じるコスト
・企業の事業内容に照らした原資産の重要性
・延長または解約オプションの行使条件
・解約不能期間の長さ

「合理的に確実」か否かの
判断が重要なんだね！

リースとサブスクリプション

　音楽配信等のサービスから，自動車等のモノに至るまで，近年「サブスクリプション」というビジネスモデルが注目を集めています。

　元来subscriptionは雑誌の定期購読等に用いられていたとのことですが，最近では定額の料金を支払うことで，好きなだけ製品やサービスを利用できるサービスを指すことが多いようです。

　「所有」という価値ではなく，「利用」という価値を重視した点においてはリースに通じるところがあります。一方，リースが顧客の指定した比較的高額なモノを中長期にわたり利用することを前提とするのに対し，サブスクリプションは特定されないモノやコトを短期間でも利用することができ，比較的低額であることが特徴であるといえるでしょう。

　サブスクリプションはノンキャンセラブルでもフルペイアウトでもないため，現在の会計基準においてオンバランスされることはなく，費用として処理されます。

　とはいえ個人が利用する場合は，契約終期がなく，更新され続けるので，定期的に棚卸しないと，知らず知らずのうちに使わないたくさんのサブスクリプション契約が…ということに注意が必要そうですね。

「時価の算定に関する
会計基準」と割引計算

　時価は，「現在の価値」のことですが，必ずしも1つの価格というわけではありません。またマーケットがなく，なんらかの仮定をおいたうえで算定が必要な場合もあります。

　「時価の算定に関する会計基準」においては，割引現在価値も時価の1つとしてよいとされていますが，その位置づけを見てみましょう。

割引計算を使うということは，
将来の価値を用いるのかな？

すごろくで理解！
各基準の全体像と割引計算－「時価算定会計基準」

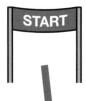

「時価の算定に関する会計基準」では，どのように時価を算定するのでしょうか。その全体像とそのうち割引計算が関係している部分を見てみましょう。

時価算定の要否を見極める

　すべてのものに時価算定が必要なわけではない。日本基準の場合，時価算定が必要とされるのは，金融商品及びトレーディング目的で保有する棚卸資産のみ。

時価算定のための材料を集め，材料に応じた評価技法で時価を算定する。

　時価を算定するには，そのための材料が必要である。まず，得られるデータが以下の①～③のいずれになるか確認し，それに応じた評価技法で時価を算定する。
① 市場で成立する価格等のデータ
② 将来得られる収入・時期・市場リスク等のデータ
③ 資産の現在の状態等のデータ

① 市場で成立する価格等のデータ ─────→ マーケット・アプローチ

② 将来得られる収入・時期・
　市場リスク等のデータ ─────→ インカム・アプローチ

③ 資産の現在の状態等のデータ ─────→ コスト・アプローチ

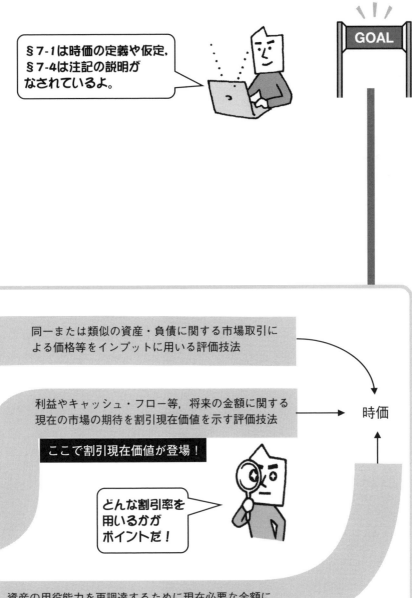

§7-1は時価の定義や仮定,
§7-4は注記の説明が
なされているよ。

GOAL

同一または類似の資産・負債に関する市場取引に
よる価格等をインプットに用いる評価技法

利益やキャッシュ・フロー等,将来の金額に関する
現在の市場の期待を割引現在価値を示す評価技法

ここで割引現在価値が登場!

どんな割引率を
用いるかが
ポイントだ!

時価

資産の用役能力を再調達するために現在必要な金額に
基づく評価技法

(関連見開き:§7-2,§7-3)

7-1 時価の算定に関する会計基準とは

時価とはモノの現在の価値をはかるモノサシ

　時価は，必ずしも1つの価格が決まっているわけではありません。マーケットがなく，なんらかの仮定をおいて算定しなければならない場合もあります。したがって指針がなければ，できあがった財務諸表の比較可能性が保てません。そこで開発されたのが「時価の算定に関する会計基準」です。同基準は基本的にはIFRS第13号の「公正価値」の定めをすべて取り入れることで，同じモノサシで時価を測定するようにしています。

　同基準では，時価を以下のように定義しています。

> 時価とは，算定日において**市場参加者**間で**秩序ある取引**が行われると想定した場合の，当該取引における資産の売却によって受け取る価格又は負債の移転のために支払う価格をいう。

　ここで市場参加者とは，以下すべてを満たす買手または売手です。

> ① 売手と買手は互いに独立しており，該当企業の関連当事者でないこと
> ② 取引に係る知識を有していること
> ③ 取引を行う能力（実行可能性）があること
> ④ 強制でなく，自発的な取引であること

　また秩序ある取引とは，時価算定日以前の一定期間，対象とする資産または負債が市場にさらされていることを前提とした取引です。また強制された取引や投げ売りも秩序ある取引には該当しません。

　このような前提でないと，需要と供給から成立する価格形成がなされない可能性があるのです。

仮定された条件でないと取引価格はどうなる？

仮定された取引者でないと

■取引者が「独立していない」または「自発的でなく強制的に取引を行う者」である場合

→公正でない価格で取引がなされる可能性がある

■取引者が「取引の知識を有していない」または「実行可能性がない」場合

→適切な価格の判断が下せない。または実行不能な可能性がある

仮定された取引状況でないと

■情報が周知されていないと……

→投資家が適切な判断を下せず、取引価格に公正な評価が反映されない可能性がある

■強制された取引や投げ売りだと……

持ってけドロボー!!

→公正な価値より安値で取引される可能性がある

なるほど！
置かれた仮定を満たさないと取引価格が公正な価値（時価）にならないおそれがあるんだね！

7-2 時価算定の評価技法とは？

割引現在価値で示す評価技法も認められている

§7-1で見た時価の定義を再度確認してみましょう。「算定日において市場参加者間で秩序ある取引が行われると**想定した場合の**……価格をいう」とあります。市場価格とはされていません。「想定した場合の価格」ですから，市場価格だけがベースとなるわけではないのです。

実際，「時価の算定に関する会計基準」では，市場価格をベースとするマーケット・アプローチ以外も評価技法としています。

▼ 「時価の算定に関する会計基準」で例示されている評価技法

評価技法	内　　容
マーケット・アプローチ	同一または類似の資産・負債に関する市場取引による価格等をインプットに用いる評価技法
インカム・アプローチ	利益やキャッシュ・フロー等，将来の金額に関する現在の市場の期待を**割引現在価値**で示す評価技法
コスト・アプローチ	資産の用役能力を再調達するために現在必要な金額に基づく評価技法

時価算定をするにあたり，どんなデータでも入手できるわけではありません。データによっては使える評価技法が限られることもあるのです。そこで同基準では，「十分なデータが利用できる評価技法」を用いることとされています。

評価技法は入手したデータにマッチさせる

時価は,「入手できるデータ」と「評価技法」がマッチしないと算定できない。

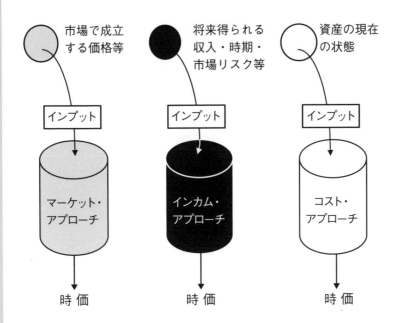

7-3 時価算定の割引率は？

割引率でリスクを調整する場合，しない場合

「時価の算定に関する会計基準」ではインカム・アプローチをとる場合の技法として，以下の3つの方法が例示されています。

技法	割引率	将来キャッシュ・フロー
割引率調整法	リスク調整後の割引率	契約等により確実性が高いと見込まれる単一のキャッシュ・フロー
期待現在価値法（リスク調整法）	市場参加者が要求するリスクプレミアムを調整した割引率	リスク調整前の期待キャッシュ・フロー
期待現在価値法（確実性等価法）	リスクフリーレート	リスク調整後の期待キャッシュ・フロー

割引率調整法における「リスク調整後の割引率」は，市場で取引されている類似の資産または負債の観察可能な利回りから算出します。

リスク調整法と確実性等価法は，いずれも市場参加者の期待を織り込む方法です。このため期待を割引率に織り込むか将来キャッシュ・フローに織り込むかの違いはありますが，結果は同じになります。

「市場参加者の期待」を正確に算定することはかなり難しく，実務上は，割引率調整法をとる企業が多いようです。

割引率調整法の算定例

【前提】 1年後に1,000万円を受け取る金融資産Aは，非上場の社債で，期末時点の取引価格もリスクプレミアムも観察できない。そこで，現在売り出し中の金融資産BとC（格付や商品内容，非上場の社債である点等，類似する）の利回りを参照することにした。両者の条件は以下の通り。

　B：1年後に1,300万円を受け取れ，売出価格は1,250万円
　C：1年後に1,400万円を受け取れ，売出価格は1,340万円

割引率調整法で算定する場合，金融資産Aの時価はいくらになるか

Step 1　参考にする金融資産BおよびCの利回りを算定する。
　金融資産B：4.000％（=1,300万円 ÷ 1,250万円 － 1）
　金融資産C：4.478％（=（1,400万円 ÷ 1,340万円）－ 1）

Step 2　Step 1をふまえ，金融資産Aの時価を算定する。
　金融資産Aの割引率をB・Cの平均値4.2％とする。
　割引現在価値＝1,000万円 ÷（1 + 0.042）＝960万円

これで時価算定の
割引計算も
クリアしたぞ！

7-4 時価算定の注記

時価のレベルや時価の評価技法が記載される

「時価の算定に関する会計基準」の導入後，金融商品の注記に**時価のレベル**や**評価技法**が記載されるようになりました。

時価のレベルとは，時価算定のためにインプットしたデータの精度のことです。データに株価や金利，ボラティリティ，為替相場，商品価格，将来キャッシュ・フローなどがあります。

算定結果である時価の精度が高いものになるか否かは，インプットデータの精度にかかわってきますが，インプットデータには客観性が高いものも低いものもあります。たとえば東京証券取引所において売買されている銘柄の株価は客観性が高いといえるでしょう。他方，投資先企業のキャッシュ・フローの見積結果は，評価者によるばらつきが生じるため，客観性が高いとはいえないでしょう。

そこで同基準では，時価のレベルを1～3に分け（1のほうが高い），開示することにしました。レベルが2・3のものについては，評価技法も開示されます。

 Check!　複数のインプットデータがある場合

インプットデータは，通常，1つではありません。このため，それぞれのインプットデータの精度の異なる場合があります。この場合は，低いほうの精度がレベルとされます。1つでも精度が低いものがあれば，結果としての時価の精度が低くなると考えられるためです。

金融商品の時価の注記例

■金融商品の時価のレベルごとの内訳等に関する事項

(1) 時価をもって連結貸借対照表計上額とする金融商品

区分	時 価			
	レベル1	レベル2	レベル3	合計
投資有価証券				
その他有価証券				
株式	700	—	—	700
デリバティブ取引	—	50	—	50
資産計	700	50	—	750

(2) 時価をもって連結貸借対照表計上額としている金融商品以外の金融商品

区分	時 価			
	レベル1	レベル2	レベル3	合計
投資有価証券				
満期保有目的の債券				
社債	—	—	9	9
資産計	—	—	9	9
長期借入金	—	1,200	—	1,200
負債計	—	1,200	—	1,200

(注) 時価の算定に用いた評価技法および時間の算定に係るインプットの説明

投資有価証券

上場株式は取引所の価格を用いて算定しています。上場株式は活発な市場で取引されているため，レベル1の時価に分類しています。

市場価格のない社債については，将来キャッシュ・フロー等により算定しており，観察できない時価の算定に係るインプットを使用しているため，レベル3の時価に分類しています。

デリバティブ取引

デリバティブ取引の時価は，取引金融機関から提示された価格等により算定しており，レベル2の時価に算定しています。

長期借入金

変動金利によるものは，短期間で市場金利を反映するため，時価は帳簿価額にほぼ等しいと考えられることから，当該帳簿によっています。固定金利によるものは，元利金の合計額と，残存期間および信用リスクを加味した利率を用いて割引現在価値法により算定しており，レベル2の時価に分類しています。

喜びは先取り，
いやなことは先送りのわけは？

　金利が1％の世界では，「今の100万円」と「1年後の101万円」は等価値です。でも人の心は複雑。「今の100万円と1年後の101万円とどっちがいい？」と聞いたら，「今の100万円」をとる人が多い傾向があるそうです。それは心の割引率のためです。

　行動心理学によると，人は，将来の利益より現在の利益を重視する傾向があるというのです。このため，金利1％の世界では等価値のはずの「1年後の101万円」より，「今の100万円」に魅力を感じます。いわば心の割引率が，1％より大きいということですね。

　これはお金だけではありません。たとえばダイエット中なのにケーキを食べてしまったという経験はないでしょうか。それはダイエット成功による将来の喜びの現在価値が，ケーキを食べる今の喜びの価値を下回ってしまったということです。

　また夏休みの宿題をやらずに8月末に困った人も多いでしょう。これは「8月末に困るかもしれない」という将来の心理的負担の現在価値が，「今，宿題をやりたくない気持」の価値を下回った状態です。

　喜びは先取り，いやなことは先送りは，心の割引率のせいということですね。

§**8**

割引現在価値と評価

　マーケットが存在しないものの評価をする場合，割引現在価値という手法は欠かせません。これまで紹介してきた会計基準のほか，非上場株式や不動産，投資やプロジェクトの意思決定等でも割引現在価値は用いられます。

市場価格がなくても，割引現在価値を求めれば評価できるぞ！

8-1 非上場株式の評価方法

主な3つの方法とは？

ここに，市場に出回っていない新品種のリンゴがあるとします。その価格を見積もる場合，どのような方法があるでしょうか？　たとえばこんな方法が考えられます。

① カットリンゴの値段をベースに算定する
② 市場で売られている他の品種のリンゴの値段を参考にする
③ 種を取り出して，育て，将来収穫できるであろうリンゴから得られるお金を現在の価値に直す

じつは，これ，非上場株式の評価方法の主たる3つの方法と同じ考え方なのです。

非上場株式の評価の主な方法

方法	内容	欠点
① 純資産価額法	純資産を発行済株式総数で割る方法	今の価値しか考慮に入れていない
② 類似会社批准法	類似する会社の株価を参考にする方法	類似会社として何を選ぶかで価値が大きく変わる
③ DCF法	将来得られるであろう現金を現在価値に割り引く方法	将来のリスクの算定が難しい

このようにいずれも欠点があるので，これらを折衷する方法もあります。

新品種のリンゴの価格はいくら？

市場にまだ出回っていない
新品種のリンゴの価格を
算定したいんだけど
どんな方法があるんだろう？

① カットリンゴの値段をベースに
算定する

② 市場で売られている他の品種の
リンゴの値段を参考にする

③ 種を取り出して，育て，将来収穫できる
であろうリンゴから得られるお金を見積
もり，現在の価値に戻す

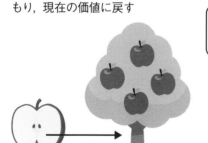

イメージが
ついたぞ！

8-2 株式評価とDCF法

予測期間を超えたキャッシュ・フローをどう見積もるか

　§8-1で紹介した株式評価の方法のうち，③DCF法は，ディスカウント・キャッシュ・フロー法とも呼ばれるもので，将来の現金収入を見積もり，割引計算により現在価値に引き直します。

　株式評価の場合は，企業が将来生み出すフリーキャッシュフロー（事業活動でかせいだお金のうち，自由に使えるキャッシュ）を見積もることになりますが，これは一般に中期経営計画などをベースに予測します。このように確実な予測ができる期間を**予測期間**といいます。

　中期経営計画は5年程度というのが一般的ですが，会社は将来にわたり事業を継続することが前提とされています。したがって，中期経営計画以降の期間もフリーキャッシュフローを見積もらなければなりません。

　そこでDCF法では，予測期間後，会社が一定割合で成長する，または予測期間最終年度のフリーキャッシュフローが継続すると仮定して見積もります。この予測期間以後の価値を**ターミナルバリュー**といいます。

　こうして算定した予測期間のフリーキャッシュフローとターミナルバリューをWACC（**§2-8〜§2-9**）で割り引いて算定された現在価値が株式評価額となります。

　DCF法は将来の収益獲得能力や企業固有の事情を反映できる点で優れています。一方，将来のフリーキャッシュフローの予測や，割引率の設定が難しく，企業の判断に委ねられる要素が多い点から，算出結果の客観性を担保することが難しいという特徴もあります。

ターミナルバリューの見積もり方

予測期間以降の価値，ターミナルバリューはどうやって見積もるか。
りんご栽培を例に考えてみよう。

	予測期間			予測期間後

	X1期	X2期	X3期	X4期	X5期
収穫見込み	0 kg	5 kg	10 kg	50 kg	50 kg
フリー キャッシュフロー	△40	△15	50	100	102

2%成長

種まき

※リンゴが収穫できるまで実際には10年程度かかるが，簡便のため，2年目から収穫可能とする。

① 予測期間の設定と，その間のフリーキャッシュフロー（FCF）の見積もり

木が生きている限り，リンゴは来年も再来年も，その先もずっと収穫できる。しかし将来の収穫を見積もるのは容易ではないので，予測期間をX4期までとする。X4期までは木が成長するにつれ，収穫量が増えると見積もる。この収穫量，リンゴの単価，人件費・経費の見積もり等からX1期〜X4期のフリーキャッシュフローを見積もる。

② 予測期間以降のターミナルバリュー（TV）の見積もり

X5期以降は，予測期間の最終年度のFCF100が継続すると仮定するケースや，一定割合の成長率を加味して算定するケースが想定される。
上記のケースは，予測期間後に2％成長するという仮定で見積もっている。

あとは割引計算をすればいいだけだね。
株式も同様にして算定できるぞ。

8-3 不動産評価とは

用途によって評価額が異なる

不動産の評価は，実際に取引を行う場合のみならず，納税や減損判定等さまざまな場面で必要となり，その目的によって評価額が異なります。

以下が不動産の代表的な評価額となります。

○実勢価格

実際に売買された価格。当該時点で売主と買主が合意した価格のため，個別性が高い。

○公示価格

国土交通省が3月に公示する，毎年1月1日時点における土地（標準地）の正常な価格。原則，都市計画区域内が対象。土地取引の指標となる。

○都道府県基準地価格

都道府県が9月に公表する，毎年7月1日時点における土地（基準地）の正常な価格。都市計画区域外も含まれる。公示地価の補完的役割を果たす。

○固定資産税評価額

市町村が毎年1月1日時点の固定資産の所有者に対し賦課する固定資産税の算定基礎となるもの。評価は3年に1度実施される。公示価格の70％程度とされる。

○相続税評価額

国税庁が算定する，毎年1月1日時点の相続税や贈与税の基礎となる価格。公示価格の80％程度とされる。

場面・目的により用いられる不動産評価が異なる

1つの不動産に複数の評価額がつけられる。それぞれの不動産評価額は，どのような場面で使われるのか？

場面1 不動産を売却する場合，資産価値を知りたい場合

➡ **実勢価格**

場面2 市況を知りたい場合

➡ **公示価格**
都市計画区域外の場合は都道府県基準値価格

場面3 固定資産税を支払う場合，不動産取得税を支払う場合

➡ **固定資産税評価額**

場面4 相続をする・される場合，相続税・贈与税を支払う場合

➡ **相続税評価額**

それで色々な評価額があるのか！

8-4 不動産の収益還元法とは？

DCF法と直接還元法

　それでは実際に取引を行う場合の不動産評価額は，どのように算定されるのでしょう。

　主な方法に取引事例比較法（周辺の取引事例に準拠する），収益還元法（物件が生み出すキャッシュ・フローから算定），原価法（物件の再調達コストから算定）があります。

　収益還元法にはDCF法（**§8-2**）と**直接還元法**があります。直接還元法は，以下のように評価額を算定します。

　まず1年間の純利益（家賃収入−諸経費）を求めます。次に**還元利回り**を検討します。還元利回りとは，不動産を所有することで得ると期待される1年間の収益の利率で，立地や築年，用途により変動します。収益の確実性が物件の需給の状況等で異なるからです。逆に言えば，周辺の同一条件の物件に係る還元利回りは近いと考えられるため，参考にできます。この2つの数値を下記計算式にあてはめた結果が直接還元法による不動産価格です。DCF法に比べ，簡単ですね。

$$不動産価格 = \frac{1年間の純利益}{還元利回り}$$

 Check!　還元利回りと実質利回りの違い

　還元利回りに近い用語として「実質利回り」があります。実質利回りは1年間の純利益を不動産価格+購入時コストで割ったものです。還元利回りがこれから投資をしようとする際の価格算定に用いるものであるのに対し，実質利回りは実績値の結果として算定されるものであるという点が異なります。

直接還元法は簡単！

Step 1　1年間の利益を見積もる

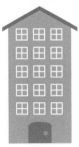

交通：「都心駅」徒歩5分
築年数：5年
専有面積：55㎡
2LDK
南向き

利便性が高いし築浅だから，人気が出そうだな。
家賃は25万円とすると，年間300万円が。
費用は管理費，固定資産税，修繕費等で60万円
として，240万円の利益が見込めるぞ！

Step 2　還元利回りを検討する

立地や性質が似ている
物件を参考にすると……
4%ぐらいかな？

Step 3　還元利回りを求める

$$不動産価格 = \frac{2,400,000 円}{4\%} = 60,000,000 円$$

簡単だ！

8-5 投資やプロジェクトの意思決定

割引現在価値を使って意思決定をする場合

これまで見てきたように，将来得られるお金は割引率で割り返すことで，割引現在価値を算出できます。これは投資案件の意思決定に利用できます。つまり，複数の投資案件それぞれの割引現在価値を計算し，高いほうを選択すれば，合理的な選択となります。

たとえば「安定的な入金があるものの，入金額は少額な投資案件」と「入金額は多額だが，リスクが高い投資案件」があるとします。どちらを選択するか，個人の好みや直感によって決めても良いでしょうが，割引現在価値という合理的な情報をもとに，意思決定をしても良いのではないでしょうか。

ただし注意事項もあります。それは割引率です。割引現在価値は，使用する割引率によって，計算結果が大きく変わります。使用する割引率は，リスクを織り込んで算出することが考えられます。毎年少額ではあるが収益が上がる確率が高い案件はリスクが低く，数年後に多額の収益が上がるが確率の低い案件はリスクが高いといえます。右の例では，A案件とB案件で，リスクの低いA案件の割引率は1％，リスクの高いB案件の割引率は6％と設定しています。

このように割引率はリスクによって個別性が出るため，割引率が適切かどうかが大きな問題となります。また，割引率を算出すること自体が難しいケースもあります。

将来キャッシュ・フローの見積もりもポイントです。案件ごとにおいた前提がどのぐらい確度が高いかを見極める必要があります。

投資案件の意思決定

■投資案件Ａと投資案件Ｂの概要

将来キャッシュ・フロー

	1年後	2年後	3年後	4年後	5年後	合計
A案件	500	400	400	350	300	1,950
B案件	0	0	0	0	2,500	2,500

将来キャッシュ・フローの単純合計は，Ｂ案件（2,500）が，Ａ案件（1,950）より多額。

しかし，Ａ案件は「安定的な入金」があり，Ｂ案件の入金は5年後にまとめてと「入金額は多額だが，リスクが高い」である。

そこで，各リスクを勘案して，割引率は，Ａ案件：1％　Ｂ案件：6％として，割引現在価値を算出する。

■割引現在価値

Ａ案件（割引率：1％）

	1年後	2年後	3年後	4年後	5年後	合計
算定式	$\dfrac{500}{(1+1\%)}$	$\dfrac{400}{(1+1\%)^2}$	$\dfrac{400}{(1+1\%)^3}$	$\dfrac{350}{(1+1\%)^4}$	$\dfrac{300}{(1+1\%)^5}$	
現在価値	495	392	388	336	285	1,897

Ｂ案件（割引率：6％）

	1年後	2年後	3年後	4年後	5年後	合計
算定式	$\dfrac{0}{(1+6\%)}$	$\dfrac{0}{(1+6\%)^2}$	$\dfrac{0}{(1+6\%)^3}$	$\dfrac{0}{(1+6\%)^4}$	$\dfrac{2,500}{(1+6\%)^5}$	
現在価値	0	0	0	0	1,868	1,868

上記設定の条件下で，割引現在価値は，

Ａ案件 1,897 ＞ Ｂ案件 1,868 と逆転

➡Ａ案件を選択すべきという結論になる。

今回はＡ案件を選択したほうが
良い結果となったけど
割引率次第で計算結果は大きく変わる。
いくつかの割引率で検討してみようかな。

【監修者紹介】━━━━━━━━━━━━━━━━━━━━━━━━━━━━━━

新居　幹也
公認会計士。第5事業部に所属。
大手不動産業，大手素材産業等の会計監査のほか，不動産業，小売業，ソフトウェア開発，AI，デジタルマーケティング事業，インターネット広告関連事業等，数多くの株式上場支援業務，アドバイザリー業務等に関与。
共著に，『不動産取引の会計・税務Q&A（第4版）』，『図解でざっくり会計シリーズ①　税効果会計のしくみ　（第3版）』（いずれも 中央経済社）などがあるほか，様々な書籍の監修を担当。

【執筆者紹介】━━━━━━━━━━━━━━━━━━━━━━━━━━━━━━

森谷　哲也（§1，§8-5）
公認会計士。第2事業部仙台事務所に所属。
小売業の監査業務，IPO準備会社等への監査・業務改善アドバイスに従事。そのほか，卸売業，金融業，国公立大学などの各種担当を歴任。
共著に，『こんなときどうする？　引当金の会計実務』，『図解でスッキリ　収益認識の会計入門』（いずれも中央経済社）などがある。

菊池　玲子（§2，§7，企画・編集・レビュー）
公認会計士。EYソリューションズ㈱に所属。
小売業や商社でアドバイザリー業務に従事。
同社転籍前は新日本有限責任監査法人で小売業，製造業，公益法人等の監査のほか，IPO支援業務，IFRS対応業務，地方公共団体の受託業務に関与。
共著に，『図解でざっくり会計シリーズ④　減損会計のしくみ』，『同⑨　決算書のしくみ』，『図解でスッキリ　外貨建取引の会計入門』，『同　ストック・オプションの会計・税務入門』，『同　ソフトウェアの会計・税務入門』，『同　仮想通貨の会計とブロックチェーンのしくみ』，『同　収益認識の会計入門』，『同　時価算定基準の会計入門』（以上，中央経済社），『キラキラ女性経営者を目指す！　会社経営の教科書』（同文舘出版）がある。

浦田　千賀子（§3，§8−1，2）

公認会計士。品質管理本部会計監理部と第2事業部を兼務。

不動産業，小売業の監査業務ならびに会計に係る情報提供および法人内の質問対応等の業務に従事。雑誌への寄稿やセミナー講師も行っている。また，法人ウェブサイト（企業会計ナビ）の編集委員として，会計情報の外部発信業務にも従事。

共著に，『3つの視点で会社がわかる「有報」の読み方（最新版）』，『図解でざっくり会計シリーズ①　税効果会計のしくみ（第3版）』，『図解でスッキリ　ストック・オプションの会計・税務入門』（いずれも中央経済社）などがある。

櫻井　靖洋（§4）

公認会計士。第3事業部に所属。

国内監査部門において，主に小売業，卸売業等の監査業務に従事するとともに，IPO支援業務やIFRS対応業務などに関与。その他，製造業，情報サービス業，物流業，専門商社，地方自治体などの各種担当を歴任。

共著に，『図解でスッキリ　ソフトウェアの会計・税務入門』，『同　時価算定基準の会計入門』，『同　収益認識の会計入門』（以上，中央経済社），『業種別会計シリーズ　卸売業』（第一法規）がある。

小菅　祐輔（§5）

公認会計士。第5事業部に所属。

主に不動産業，建設業，製造業，物流倉庫業等の各業種の監査業務及び非保証業務，並びにIPO支援業務等を経験。

共著に，『業種別会計シリーズ　物流倉庫業』（第一法規）がある。

臨光　彩（§6，§8−3，4）

公認会計士。第5事業部に所属。

主に不動産業，建設業の監査業務及び非保証業務等を担当。

監査法人勤務前は不動産会社に勤務しており，経営企画のほか，分譲事業・仲介事業への従事経験あり。

図解でスッキリ

会計で使う「割引現在価値」入門

2023年10月1日　第1版第1刷発行
2024年7月10日　第1版第2刷発行

編　者　EY新日本有限責任監査法人
発行者　山　本　　　継
発行所　㈱　中　央　経　済　社
発売元　㈱中央経済グループ
　　　　パ ブ リ ッ シ ン グ

〒101-0051　東京都千代田区神田神保町1-35
電話　03 (3293) 3371（編集代表）
　　　03 (3293) 3381（営業代表）
https://www.chuokeizai.co.jp
印刷・製本／文唱堂印刷㈱

＊頁の「欠落」や「順序違い」などがありましたらお取り替えいた
しますので発売元までご送付ください。（送料小社負担）
ISBN978-4-502-47081-3　C3034

一目でわかるビジュアルガイド

図解でざっくり会計シリーズ　全9巻

新日本有限責任監査法人［編］

本シリーズの特徴

- ■ シリーズキャラクター「ざっくり君」がやさしくナビゲート
- ■ コンセプトは「図とイラストで理解できる」
- ■ 原則，1テーマ見開き
- ■ 専門用語はできるだけ使わずに解説
- ■ 重要用語はKeywordとして解説
- ■「ちょっと難しい」プラス α な内容はOnemoreとして解説

■中央経済社■